Dom-Ansichten

Herausgegeben von Reinhold Mißelbeck und Arnold Wolff

Dom-Ansichten

Fotografien des Kölner Doms von Karl Hugo Schmölz · 1939 bis 1962

Mit Beiträgen von
Dombaumeister Arnold Wolff
und Roswitha Neu-Kock

J. P. Bachem Verlag Köln

Titelbild: Die Domtürme von Nordost, 1946

Die Deutsche Bibliothek – CIP-Einheitsaufnahme

Dom-Ansichten : Fotografien des Kölner Doms von Karl Hugo Schmölz;
1939 bis 1962 / hrsg. von Reinhold Mißelbeck und Arnold Wolff.
Mit Beitr. von Arnold Wolff und Roswitha Neu-Kock. – Köln: Bachem, 1997
ISBN 3-7616-1308-3
NE: Mißelbeck, Reinhold [Hrsg.]; Wolff, Arnold; Schmölz, Karl Hugo

Erste Auflage 1997

Gestaltung: Bettina Dyhringer, Köln
Satz und Druck:
Druckerei J. P. Bachem GmbH & Co. KG Köln
Printed in Germany
ISBN 3-7616-1308-3

Karl Hugo Schmölz, Dom-Ansichten

von Reinhold Mißelbeck

Wer sich der Stadt Köln als Reisender nähert, ob von Aachen, von Bonn oder aus dem Bergischen Land, erlebt den Dom bereits von weitem als städtischen Mittelpunkt. Zwar sind heute einige Hochbauten im Stadtbild hinzugekommen, wie die *Deutsche Welle*, das *Colonia-Hochhaus*, der *Colonius* oder in unmittelbarer Nähe die *Lufthansa-Verwaltung*, doch halten die meisten respektvollen Abstand zur Domkirche, die auf diese Weise wie ehedem die Altstadt beherrschen kann. Am auffälligsten ist diese zentrale Position vom Deutzer Rheinufer aus, der Postkartenansicht von Köln, wo sich die Türme von *Groß St. Martin*, des Rathauses, von *St. Maria Himmelfahrt* und von *St. Kunibert* um die Masse des Doms und seine beiden hochragenden Türme gruppieren.

Karl Hugo Schmölz, der seit den dreißiger Jahren, seit der Lehrzeit in der Fotowerkstätte seines Vaters Hugo Schmölz, die Stadt Köln und ihre städtebauliche Entwicklung fotografisch dokumentierte, hat sich genau so dem Dom genähert. In vielen seiner fotografischen Aufnahmen der Stadt erscheint der Dom im Hintergrund, die Häuserkulisse überragend, als Fixpunkt einer Straßenflucht, als Zentrum des Häusermeers. (1) Anders als der etwas jüngere Chargesheimer, dessen Thema über viele Jahre hinweg ebenfalls seine Heimatstadt Köln war, ist der Dom bei Karl Hugo Schmölz genau so präsent, wie ihn der Passant wahrnimmt, als ständiger Orientierungspunkt, der in zahllosen Straßenperspektiven wahrnehmbar ist. Chargesheimer dagegen hatte in seiner Fotografie den Dom beharrlich ignoriert, obwohl er im Ruinenmeer der Nachkriegszeit eigentlich unübersehbar war. Sein Blick heftete sich auf die Straßen und die Menschen, oder wie z. B. in „Köln 5 Uhr 30" auf die Alltagsarchitektur, Wohnbauten, Geschäftshäuser und Industriearchitektur. Unter seinen Tausenden von Aufnahmen von Köln tauchen die Domtürme nur in ganz wenigen der bekannten Bilder auf, so z. B. im *Blick von der Mariagartengasse*, dem *Blick vom Autobahnzubringer Deutz* oder dem *Blick von St. Andreas.* (2) Vielleicht repräsentierte Chargesheimer jenen Typ des Intellektuellen, den Arnold Wolff meint, wenn er konstatiert, daß intellektuelle Kreise in Köln in der ersten Hälfte dieses Jahrhunderts den Dom als Bauwerk der Restauration, des Konservativismus und als Repräsentant der verhaßten Preußen sahen. In der Tat war *St. Georg* in jenen Jahrzehnten die Kirche, in der sich die religiös aktiven Intellektuellen trafen, die äußerlich bescheidenste unter den romanischen Kirchen, das krasse Gegenstück zur dominanten gotischen Architektur des Doms.

Bei der breiten Masse der Kölner jedoch war er Sinnbild kölnischer Identität, wovon vor allem kölsches Liedgut von Willi Ostermann oder Jupp Schmitz beredtes Zeugnis ablegen. Werfen wir einen Blick auf das Werk anderer großer Kölner Fotografen, stellen wir fest, daß Chargesheimer mit seiner gezielten Ablehnung des Domes doch allein stand. Auch der größte deutsche Fotograf der ersten Hälfte dieses Jahrhunderts, August Sander, hatte in den dreißiger und vierziger Jahren die Stadt Köln umfassend fotografisch dokumentiert. (3) Ebenso, wie in den Bildern von Hugo Schmölz und später von Karl Hugo Schmölz ist in seiner Fotografie der Dom im Stadtbild präsent, gibt es auch Annäherungen an ihn und sogar eine Reihe von Detailansichten, vom südlichen Querschiff, von der Westfassade und vom Petersportal. August Sander griff auch ein Motiv wieder auf, das sich erstmals bei Hannes Maria Flach findet, eine Ansicht des Südturmes aus extremer Untersicht. Hannes Maria Flach, ein vom Konstruktivismus und den Kölner Progressiven beeinflußter Fotograf, wählte Anfang der dreißiger Jahre die extremste Perspektive, indem er beide Domtürme zu einem pyramidalen Ganzen zusammenschmelzen ließ. (4) August Sander bezog dann in den dreißiger Jahren das Langhaus partiell mit ein, so daß eine etwas zurückgenommenere Version dieser Aufnahme entstand. Karl Hugo Schmölz entwickelte mehrere Varianten, wobei er zwar auf die Verschmelzung beider Türme verzichtete, jedoch wiederum das Augenmerk stärker auf die Türme, einmal sogar nur auf deren Spitzen richtete (Abb. S. 42 u. 43). Zuletzt war diese Ansicht von Andy Warhol aufgegriffen worden, der sie zu einer Siebdruckserie weiterverarbeitete.

Neben August Sander hat sich auch August Kreyenkamp im Rahmen einer Gruppe von Fotos mit dem Kölner Dom auseinandergesetzt. Nicht nur, daß er im Stadtbild immer wieder zu sehen ist, ob vom Deutzer Ufer aus, von *St. Kolumba* oder von der Messe. Er setzte sich auch in einigen sehr gewagten Perspektiven mit der Architektur im Detail auseinander, mit dem Strebewerk des Hauptschiffes, dem Gewölbe und dem Innenraum. (5)

August Sander, Domtürme von Südosten

Hannes Maria Flach, Domtürme von Südwesten

Keiner hat sich jedoch, außer Karl Hugo Schmölz, so gründlich mit dem Dom befaßt wie Hannes Maria Flach, jener Autodidakt, für den dieses Bauwerk offensichtlich reichlich Anregungen für ungewöhnliche Perspektiven im Sinne des fotografischen Konstruktivismus bot. Hier mag tatsächlich die eine oder andere Anregung für andere Fotografen gekommen sein. Bei ihm finden wir einen Blick vom Dachreiter über die *Hohenzollernbrücke* nach Deutz (6), wie sie Hugo Schmölz ähnlich im Jahr 1934 fertigte. (7) Aus der Höhe der Domdächer fotografierte er darüberhinaus hinunter auf den *Domhof* oder auf das *Domhotel* (8) und zeigte damit ein ähnliches Interesse an Perspektiven wie Karl Hugo Schmölz mit seinem Foto vom *Dom mit Blick auf den Wallrafplatz* (9) und auf die Reichsbahnverwaltung (Abb. S. 55). Er befaßte sich auch mit dem Innenraum, hob jedoch im Vergleich zu Karl Hugo Schmölz weit mehr die vielschiffige Weiträumigkeit hervor, als die Höhe und Länge des Langschiffes zu betonen, wie dies Karl Hugo Schmölz, aber auch August Kreyenkamp (10) taten.

Karl Hugo Schmölz hatte zunächst einmal nach dem Tod seines Vaters im Jahr 1938 dessen Arbeit fortgesetzt, arbeitete für die *fotowerkstätte hugo schmölz*, wie sie bis zu ihrer Veräußerung im Jahr 1958 hieß. Eine seiner Aufnahmen des Domes zeigt den Ostchor aus sehr ungewöhnlicher Perspektive (siehe S. 45). Ähnlich wie bei Hannes Maria Flachs Ansicht vom Südturm baut sich der Chor in Karl Hugo Schmölz' Ansicht zu einem pyramidalen Aufbau aus Fialen und Pfeilern auf, der lediglich vom Kreuz auf dem Vierungsturm überragt wird. Der

Hannes Maria Flach, Blick auf den Kölner Domhof

Hannes Maria Flach, Blick in den Kölner Dom

Dom als Ganzes mit seinen hohen Türmen ist in dieser Aufnahme verschwunden. Eine Variante ist auf der Doppelseite (S. 46/47) sichtbar, bei der er noch näher an den Chor herangerückt, die Untersichtperspektive noch weiter betont und der „Hügel" aus Fialen noch weiter abgeflacht ist.

Das Buch mit dem Verzeichnis der Privataufnahmen weist gegen Ende der dreißiger Jahre nur noch wenige Bilder pro Jahr auf. 1942 brechen die Aufzeichnungen ab, bedingt durch Karl Hugo Schmölz' Kriegsdienst. Im November des Jahres 1945 werden wieder Aufnahmen verzeichnet – und gleich die vierte und fünfte Eintragung beziehen sich auf Domaufnahmen von außen und innen. Im Jahr 1946 entsteht der *Blick auf den Dom vom Klingelpütz aus* (11), und im Juni begann Karl Hugo Schmölz mit dem systematischen Fotografieren des zerstörten Köln. In dieser Zeit entstehen auch zahlreiche Fotografien vom Dom im Kontext der zerstörten Stadt, aber auch bereits Aufnahmen vom Dom selbst, so die Winteraufnahme von Süden sowie die beiden beeindruckenden Fotografien von Südwesten (siehe S. 39) und vom Wallrafplatz aus (siehe S. 38) gesehen. Diese Bilder haben keinerlei fotografische Vorgänger, bedingt durch die Tatsache, daß insbesondere das Bild von Seite 39 erst durch die Kriegszerstörungen möglich war. Bereits das Foto, das den Dom vom Wallrafplatz aus zeigt, hebt die Bedeutung der beiden Türme hervor. Das Kirchenschiff scheint dahinter unwichtig zu werden. Dies wird noch gesteigert in der Aufnahme von Seite 39, wo Karl Hugo Schmölz noch näher herangerückt ist. Der Nordturm ist noch bis zur Spitze sichtbar, der Südturm ist bereits vom Bildrand gekappt. Das Westwerk rückt mit dem Vierungsturm zusammen, das Hauptschiff wird von den seitlichen Strebepfeilern und Fialen fast verdeckt. Beeindruckend ist das Volumen der beiden Türme, um so mehr, als die Turmspitzen durch die perspektivische Verzerrung äußerst klein geraten. Gleichzeitig jedoch löst sich die Masse der Türme in den unzähligen, vom Lichteinfall hervorgehobenen vertikalen Gliederungen auf, wird leicht und schwerelos. Karl Hugo Schmölz ist es mit dieser Aufnahme gelungen, in der Fortsetzung ähnlicher Perspektiven in zeichnerischen und druckgrafischen Vorlagen das Bauprinzip des gotischen Stils, die Auflösung großer Baumassen und ihre Transparenz zu verdeutlichen.

Trotz seines großen Interesses für die Architektur der Stadt Köln und insbesondere für den Dom wäre Karl Hugo Schmölz wohl nicht zu einem solch umfassenden Werk über den Kölner Dom gekommen, wenn nicht Hans Peters den Entschluß gefaßt hätte, anläßlich der 700-Jahrfeier der Grundsteinlegung ein Buch über den Kölner Dom zu verfassen und die Fotografie an Karl Hugo Schmölz zu übertragen. (12) Es war sicherlich keine leichte Aufgabe, auf dem schwer zerstörten Dom mit einer 18 x 24-Plattenkamera herumzusteigen und Fotos anzufertigen, wie sie uns mit diesem Buch vorliegen. Hans Peters strebte damals sehr bewußt ein Buch an, in dem die Fotografien nicht nur Bilddokumentation der kunsthistorischen Auseinandersetzung mit dem Bauwerk und den darin enthaltenen Bildwerken darstellten, sie sollten vielmehr in einem geschlossenen Bildteil über die Bildwirkung den Leser beeindrucken. Hans Peters hat mit seinem Buch bereits auf die suggestive Wirkung der fotografischen Bilder gebaut, um den Dom in seiner künstlerischen Gesamtwirkung zur Geltung zu bringen. Dabei war ihm bewußt, daß ein solcher Versuch erstmals unternommen wurde und er somit Neuland betrat. (13)

Es war kein Zufall, daß ein solches Buch gerade nach Kriegsende entstand. Die 700-Jahrfeier mag der äußere Anlaß gewesen sein. Doch entwickelte sich der Dom als allein herausragendes Relikt im Trümmermeer für die Kölner nach dem Krieg auch zum Symbol des Überlebenswillens, und das Geleitwort zur Publikation von Hans Peters bringt die Vermutung zum Ausdruck, daß der Dom vom Kriegsgegner in diesem Sinne möglicherweise bewußt verschont blieb. (14) Von großer Bedeutung war sicherlich die Entscheidung zugunsten von Karl Hugo Schmölz, der in jenen Jahren als der renommierteste Architekturfotograf des Rheinlandes galt und sich als fähig erwies, die Ideen von Hans Peters in Bildern umzusetzen.

Gerade weil Karl Hugo Schmölz nicht als Experimentator im Sinne der Tradition des *fotografischen Konstruktivismus* oder der sich gerade mit Elan entwickelnden *subjektiven fotografie* tätig war, konnte er der Aufgabe gerecht werden, die Architektur des Domes als Bauwerk zu respektieren und die interessanten fotografischen Perspektiven, die sich bei dieser Annäherung ergaben, nicht als Ergebnisse spezifischen fotografischen Sehens, sondern als Besonderheiten der gotischen Architektur erscheinen zu lassen. Sein fotografisches Können, seine zurückhaltende Einbeziehung des Lichts als gestaltendes und interpretierendes Moment der Fotografie ermöglichten dennoch, daß sich seine Fotografie nicht in der dienenden Funktion erschöpfte, sondern als eigenständige künstlerische Leistung erkennbar wurde.

Anders als bei der Publikation von Hans Peters geht es heute nicht um eine Bilanz zu einem bestimmten historischen Zeitpunkt. Die Auswahl der Fotografien konnte sich daher auf einen breiten Zeitraum von 1939 bis 1962 erstrecken. Die Grundidee des Buches von Hans Peters, mit Ansichten des Doms aus der Ferne, mit Rheinansichten zu beginnen und sich ihm dann mit Fotografien aus verschiedenen Richtungen, vom *Roncalliplatz*, vom *Wallrafplatz*, vom *Hauptbahnhof* und von der *Reichardterrasse* her zu nähern, konnte jedoch beibehalten werden und legt letztlich Zeugnis ab, von der Modernität der damaligen Konzeption, von einem kunsthistorisch aufbereiteten und dominierten Buch abzurücken, und einen Bildband zu entwerfen, der den Betrachter und weniger den Leser anspricht.

Karl Hugo Schmölz hat sich dann in einer Reihe von Varianten mit dem mächtigen Block der Westtürme auseinandergesetzt (Abb. S. 38–44), ist aus unmittelbarer Nähe um den Dom herumgegangen, um die Gliederung der Architektur aus der Nähe auf die grafischen Eigenschaften im Bild zu untersuchen. Vom

Dachreiter aus nahm er die Türme auf und fixierte die darunter liegende Trümmerlandschaft (Abb. S. 48 u. 49). Auf der Höhe der Obergaden streift sein Kamerablick am Hauptschiff entlang, wobei das Streiflicht die vertikale Gliederung der Strebepfeiler herausarbeitet (Abb. S. 51). Mit den folgenden Bildern bewegen wir uns auf der Ebene der Dachtraufe und blicken in die dichtgestaffelten Strebebögen hinein, wobei der Blick mitunter über die Stadt, die rechtsrheinische Messe oder die Reichsbahnverwaltung streift (Abb. S. 53–55). Insbesondere bei diesen Bildfolgen kommt sein Gespür für Baukörper zum Tragen. Es ist nachvollziehbar, wie er sich einem Sujet einmal aus größerer Distanz annimmt, um in der folgenden Aufnahme in es hineinzudringen und die grafische Wirkung der ersten Ansicht durch räumliche Tiefenwirkung in der nächsten wieder aufzuheben. Dies zeigt sich beispielsweise in der Auseinandersetzung mit dem Domchor in den Aufnahmen Seite 54 und 55, in den Fotografien vom Strebewerk von Süden auf den Seiten 56 und 57, und bei den Bildern von den Schwibbögen der Seiten 58–62. Da löst sich einmal die räumliche Tiefe im Gewirr der Senkrechten und Diagonalen auf, ein andermal steigert sich der Rhythmus der Staffelung vom Tiefendurchblick mit dem Südturm im Hintergrund zur Reihung, und auf Seite 58 löst er ein einziges vertikales Element als plastische Form, umgeben von Rundbögen und Diagonalen, heraus.

Die fehlenden Glasfenster in den vierziger Jahren lassen die Transparenz der Architektur und der großen Fenster noch fragiler erscheinen. Der Blick geht in das Langhaus, das er mit großer Systematik entlang der südlichen und nördlichen Front abtastet, dabei einerseits die enorme Höhe des Hauptschiffes, aber auch die relative Flächigkeit der Gliederung durch Fenster und Triforien hervorhebt. Um so mehr präsentiert sich dann der Chor als ruhiger Pol, als Ort der Besinnung, wobei jedoch das Bild des Chores aus größerer Distanz unter Einbeziehung des Chorgewölbes belegt, wie sich der Eindruck der vorherigen Aufnahme ins Erhabene, ins Feierliche umwandeln läßt. Ganz ungewöhnlich für den Stil von Karl Hugo Schmölz und ein wenig an Kreyenkamp erinnernd, ist der Blick hoch in das Deckengewölbe des Chores. Arnold Wolff verweist nicht von ungefähr auf die ähnliche Positionierung der Kamera beim Blick auf die beiden Westtürme von Seite 40 und sieht sie in diesem Sinne als Paar. Zweifellos sind sie es in ihrer Ausnahmefunktion als Ausdruck subjektiven Empfindens. Der Blick des Besuchers wird nachvollzogen, der vor der Fassade stehend nach oben blickt und ähnlich im Kircheninneren den Blick ins Gewölbe richtet. Der Mensch empfindet sich in solchen Augenblicken als klein. Der Fotograf kann dieses Gefühl im Bild nachvollziehen. Wie sehr das Sehen des Fotografen, sein Kamerastandpunkt und seine Blickrichtung den Eindruck, den ein Foto vermittelt, beeinflussen kann, macht insbesondere der Vergleich dieser drei Ansichten vom Domchor augenfällig.

Der letzte Teil des Buches befaßt sich mit seinen Bildwerken. Dies mag auf den ersten Blick als die leichtere Aufgabe für den Fotografen erscheinen. Doch ist gerade hier der Umgang mit dem Licht von ganz besonderer Bedeutung. Die Fotografien von den Skulpturen am *Petersportal* legen Zeugnis ab von Karl Hugo Schmölz' Fähigkeit, mit dem Tageslicht umzugehen und es behutsam als Mittel einzusetzen, dreidimensionale Formen auszuleuchten und mit seiner Hilfe Volumen zu modellieren. Wie wenig dies selbstverständlich ist, belegt ein Vergleich von Fotografien von den Kirchentüren von *St. Maria im Kapitol* von Karl Hugo Schmölz mit den Detailaufnahmen Thomas Zwillingers. Wo Karl Hugo Schmölz das Licht zurückhaltend einsetzte und es lediglich zur Konturengebung und der Schaffung von Volumen verwendete, ließ Thomas Zwillinger Lichtreflexe zu, die anstelle von Räumlichkeit harte Hell-Dunkel-Kontraste hervorriefen. (15) Neben den Gewandfiguren widmete sich Karl Hugo Schmölz auch einer Reihe von Figuren in den Archivolten, Heiligen und musizierenden Engeln, die alle mit ähnlicher Feinfühligkeit aus dem Schatten ihrer Baldachine herausmodelliert sind. Es folgen Bilder der Türen, die Ewald Mataré gleich nach Kriegsende für die Portale des südlichen Querhauses schuf. Auch die Skulpturen am *Grabmal von Saarwerden*, am *Grabmal des Dietrich von Moers*, an *der Mailänder Madonna*, dem *Dreikönigsschrein* und dem *Gerokreuz* vermitteln den Eindruck, als seien sie bei Tageslicht aufgenommen. Dies findet darin weitere Bestätigung, als der Lichteinfall von schräg oben kommt, also aus der Richtung der Fensteröffnungen des Domes. Das Licht mag angesichts der fehlenden Glasfenster im Dom weitaus heller gewesen sein als heute, dennoch bleibt es erstaunlich, wie gut ausgeleuchtet die Figuren sind, wie selbst Details der Gewandfalten am Fußende der Skulpturen noch Modellierung aufweisen. (16)

Zur 700-Jahrfeier der Grundsteinlegung war Karl Hugo Schmölz der erste Fotograf, der Material für einen Bildband über den Dom vorlegte. 50 Jahre danach ist sein Werk immer noch das Beste, was es über dieses Bauwerk gibt. Mag sein, daß eine Generation von Architekturfotografen, deren Auge an der *Bauhaus-Architektur* geschult wurde, keinen Zugang zu diesem gotischen Bauwerk finden konnten, (17) mag auch sein, daß der Dom, der täglich von Tausenden von Touristen fotografiert wird, eben nur als Objekt solcher Fotografie und nicht als Objekt der seriösen fotografischen Auseinandersetzung gesehen wurde und wird. Daß Karl Hugo Schmölz' Fotografien vom Kölner Dom über einen Zeitraum eines Jahrhunderts eine singuläre Erscheinung bleiben, ist sicherlich angesichts der Bedeutung dieses Bauwerks erstaunlich. Möglicherweise ist es aber zur 750-Jahrfeier im Jahr 1998 eine Herausforderung an Jüngere, sich an ihm zu messen.

(1) Eine größere Anzahl solcher Fotografien sind in der ersten Publikation mit Bildern von Hugo und Karl Hugo Schmölz zu sehen: Köln lebt – Fotografien von Hugo und Karl Hugo Schmölz, Hrsg. Reinhold Mißelbeck, Köln 1995

(2) siehe: Chargesheimer, Fotografien 1949–1970, Hrsg. Reinhold Mißelbeck, Köln 1983, Abb. 56, 57 und 81; vgl. weiterhin: Chargesheimer, Cologne intime, Köln 1957; Chargesheimer, Unter Krahnenbäumen, Köln 1958; Chargesheimer, Köln 5 Uhr 30; Chargesheimer, Schöne Ruinen, Hrsg. Reinhold Mißelbeck, Köln 1995

(3) siehe: August Sander, Köln Portrait, Hrsg. Reinhold Mißelbeck, Köln 1984 und 1994; August Sander, Die Zerstörung Kölns, Fotografien 1945-1946, Hrsg. Winfried Ranke, München 1985; August Sander, Köln wie es war, Hrsg. Werner Schäfke, Köln 1988

(4) siehe: Hannes Maria Flach, Fotografien der zwanziger Jahre, Bearb. Christoph Brockhaus und Reinhold Mißelbeck, Ausstellungskatalog Museum Ludwig, Köln 1983, Abb. 27

(5) siehe: August Kreyenkamp, Ein Kölner Fotografenleben in der ersten Jahrhunderthälfte, Hrsg. Roswitha Neu-Kock, Köln 1995, S. 77 u.79

(6) ebd. Abb. 21

(7) siehe: Köln lebt, a.a.O., S. 16

(8) Hannes Maria Flach, a.a.O., Abb. 22 und 23

(9) siehe: Fotografie des 20. Jahrhunderts, Museum Ludwig, bearb. Reinhold Mißelbeck, Köln 1996, Abb. S.601

(10) siehe: August Kreyenkamp, a.a.O. S. 77 und 79

(11) siehe: Köln lebt, S. 45

(12) „In dem Bewußtsein, daß eine künstlerische Geschlossenheit des Bildteils nur erreicht werde, wenn er *einer* Hand anvertraut würde, hat der Herausgeber sich entschlossen, unter seiner künstlerischen Mitarbeit die fotografischen Aufnahmen Hugo Schmölz, Lichtbildner G.D.L. in Köln zu übertragen." Hans Peters, Der Dom zu Köln, 1248–1948, Düsseldorf 1948, S. 7. Gemeint war natürlich nicht Hugo, sondern Karl Hugo Schmölz. Da dieser jedoch noch immer für die *fotowerkstätte hugo schmölz* tätig war, wurde die alte Sprachregelung eingehalten. Karl Hugo, der offensichtlich selbst seine Privataufträge unter dem Label seines Vaters fertigte, war es in späteren Jahren, nach Auflösung der *fotowerkstätte*, sehr schwergefallen, seinen Namen in der Öffentlichkeit in gleicher Weise durchzusetzen.

(13) „Dieser Versuch war um so notwendiger, als er ähnlich und in ebensolchem Umfang bisher nicht unternommen wurde. Clemen etwa ging mit seiner großen Dompublikation in den „Kunstdenkmälern der Rheinprovinz" andere Wege", ebd.

(14) „Man kann sagen, daß von dem Kern der altehrwürdigen Stadt Köln fast nur das riesige Steinwerk seines Domes übriggeblieben ist, wohl nicht durch Zufall, sondern als Symbol der Achtung vor jenem Deutschland, das unsere Kriegsgegner trotz ihres verständlichen Hasses ehrten und zu schonen suchten." Ebd. S. 5. Karl Hugo Schmölz hat diese Schreckensvision mit seinem Blick auf den Dom vom Polizeipräsidium aus eindrucksvoll ins Bild gebracht. Siehe ebd. Abb. 1 und Köln lebt, a.a.O, S. 48, 49 und 51.

(15) vgl. Wolfgang Stracke, St. Maria im Kapitol Köln, Die romanische Bildertür, Köln 1994.

(16) Seinen eigenen Berichten entsprechend hat er hier mit der Handleuchte bei offener Blende Details herausgearbeitet.

(17) Winfried Kralisch hatte 1980 ein Buch über den Kölner Dom publiziert, das jedoch einen sehr subjektiv experimentellen Charakter trägt und nicht Architekturfotografie im traditionellen Sinne ist. Winfried Kralisch, Domlandschaften, Köln 1980.

Lichtbilder aus dunkler Zeit

von Arnold Wolff

Die Vollendung des Kölner Domes war am 15. und 16. Oktober 1880 mit großer Pracht gefeiert worden. Der Traum einer Nation war in Erfüllung gegangen, eines der eindrucksvollsten Bauprojekte der Erde, lange Zeit nur als unerreichbare Vision betrachtet, war greifbare Wirklichkeit geworden (1).

Natürlich war den Verantwortlichen klar, daß damals nur die Kathedrale selbst und auch diese nur im Außenbau wirklich vollendet war. Das städtebauliche Umfeld sah noch recht ungeordnet aus. Mit einem enormen finanziellen Aufwand wurde dies in den folgenden fünfzehn Jahren geändert und die Domumgebung in eine großstädtische Anlage mit hochwertiger Bebauung verwandelt (2). Daneben liefen bereits seit 1872 Vorbereitungen, auch dem Innenraum eine Ausstattung zu geben, die dem Rang der Architektur ebenbürtig sein sollte. Drei der ehrgeizigen Vorhaben kamen zwischen 1880 und 1900 noch zur Ausführung: Die Fenster von Johannes Klein in den Turmhallen, die Bronzeportale von Hugo Schneider und Wilhelm Mengelberg (3) und der Mosaikfußboden im Chor von August Essenwein und Fritz Geiges (4). Doch die aus zwei Wettbewerben hervorgegangenen Entwürfe für Chorschranken, Kanzel, Hochaltar, Orgel und andere Einbauten blieben Pläne, köstliche Ideen der reifen Neugotik, aber nur auf dem Papier. Es war, als hätte sich ein Schleier der Mutlosigkeit und des Unbehagens über den Dom gebreitet, der nicht nur das Bauwerk und seine Umgebung betraf, sondern mehr noch seine Rezeption in der Öffentlichkeit. Seine Zeit schien abgelaufen, seine Vollendung, eben noch gefeiert, war nun fragwürdig, seine Freilegung und seine Umbauung mit Palastfassaden galt als völlig verfehlt, ja als Sakrileg (5).

Doch es kam noch schlimmer. Jugendstil und neue Architekturformen lösten den Historismus ab, Neugotik galt plötzlich als Kitsch, als „nachgemachte Gotik". Dem Dom wurde zur Last gelegt, daß es die ungeliebten Preußen gewesen seien, die seinen Ausbau im 19. Jahrhundert gefördert hätten, und dies auch noch mittels der ebenfalls verdächtigen modernen Technologie. So fiel er nach dem verlorenen Ersten Weltkrieg zusammen mit der Hohenzollernmonarchie, mit der er, berechtigt oder nicht, immer wieder in Verbindung gebracht wurde, der Verachtung, ja dem Haß anheim. Freilich wandten sich nicht alle Bevölkerungsschichten vom Dom ab, aber die geistig führenden Kräfte sahen in ihm kein Zeichen der Hoffnung, des Fortschritts und der Erneuerung mehr, sondern im Gegenteil eine Bastion eines abgewirtschafteten Gestern, einer zu überwindenden Unkultur (6).

Dabei hätte die Kölner Kathedrale gerade in jenen Jahren dringend die Sympathie der Öffentlichkeit gebraucht, denn längst bedurfte das nach der ersten Wiederherstellungsperiode in den Jahren 1823–1841 bereits wieder im Verfall begriffene Strebewerk des Chores einer zweiten gründlichen Restaurierung. Der 1904 neu berufene Dombaumeister Bernhard Hertel versuchte ebenso verzweifelt wie erfolglos, Staatsbehörden, Kirche und Zentral-Dombau-Verein für diese Aufgabe zu gewinnen. Freilich war er selbst nicht ganz schuldlos an der Vergeblichkeit seines Werbens, denn er hatte sich in den Kopf gesetzt, für die Restaurierung fränkischen Muschelkalk zu verwenden, ein Gestein, das von Fachleuten als völlig ungeeignet angesehen wurde. Die zuständigen Regierungsstellen in Berlin, denen die Dombauverwaltung damals unterstand, verweigerten daher die Zustimmung zu den geplanten Maßnahmen (7).

Erst im Jahre 1926 gelang es dem früheren Landeskonservator Paul Clemen, ein Bündnis für die Finanzierung der notwendigen Arbeiten zusammenzubringen. Noch im gleichen Jahre wurde die Zahl der Mitarbeiter der Dombauhütte von 26 auf über 70 erhöht, ein neues Hüttengebäude errichtet und im großen Stile mit der Restaurierung des Chor-Strebewerkes begonnen. Die Auseinandersetzungen um den Muschelkalk waren vergessen, das Material, in Krensheim bei Lauda abgebaut, wurde in riesigen Blöcken bestellt, mit Preßluftbohrern zerteilt und von den Steinmetzen zu gotischen Werkstücken geformt. Da es sich ungemein leicht bearbeiten ließ, ging die Arbeit rasch voran.

Hertel starb unerwartet am 21. Dezember 1927 im 65. Lebensjahr. Sein Nachfolger Hans Güldenpfennig mußte erleben, wie nach 1930 die Mittel für den Dombau Jahr für Jahr gekürzt wurden und die Belegschaft der Hütte auf weniger als 45 Mitarbeiter zusammenschmolz. Dennoch setzte er die Arbeit im Sinne Hertels fort, obwohl er schon bald erkannt haben muß, daß der Muschelkalk den Beanspruchungen durch Wind und Wetter nicht gewachsen war. Ab 1931 ließ er daher alle von unten nicht sichtbaren Teile in Basaltlava ausführen. Den Muschelkalk versuchte er mit einem Mittel zu schützen, das unter dem leicht entschlüsselbaren Handelsnamen „Tekaol" von der Kölner Firma Theodor Kottmann hergestellt wurde, sich in der Praxis aber als völlig wirkungslos erwies. Um den starken Kontrast zwischen den hellen neuen Flächen und den inzwischen fast schwarzen Werkstücken aus der ersten Restaurierung zu mildern, ließ er diese Teile 1937–1938 mit einer Mineralfarbe im Ton des Muschelkalkes anstreichen und verlieh so dem Strebewerk ein einheitliches, sehr ansprechendes Erscheinungsbild.

Um diese Zeit begann Karl Hugo Schmölz, den Dom zu fotografieren. Von heute aus gesehen mag man dies kaum als ungewöhnlich empfinden. Denn im 19. Jahrhundert war der Dom, wie zahlreiche Aufnahmen in allen großen Archiven beweisen, von Beginn an ein wichtiges Motiv der jungen Fotografie. Bereits 1852 brachte Johann Franz Michiels im Auftrage des Verlegers Franz Carl Eisen seine ersten Domfotos heraus (8). Später kamen die Gebrüder Schönscheid, Theodor Creifelds und Anselm Schmitz hinzu (9). Aber auch danach schufen noch viele Fotografen Bilder vom Dom, teils für die Postkartenindustrie, teils für Publikationen aller Art oder auch als Bildreporter. Doch für die ambitionierte Kunstfotografie war der Dom nach 1900 kein Thema mehr, was natürlich mit den oben genannten Problemen zusammenhing. Anders als die norddeutsche Backsteingotik, die auch von den Vertretern der Neuen Sachlichkeit oft und gerne ins Bild gesetzt wurde (10), existiert vom Kölner Dom kein einziges Foto aus diesen dem Bauhaus nahestehenden Kreisen, in denen auch Vater und Sohn Schmölz letztlich ihre künstlerische Heimat hatten.

Möglich, daß Karl Hugo Schmölz einige der zwischen 1930 und 1936 entstandenen Domfotos des Bildjournalisten Hannes Maria Flach gesehen hatte und durch diese zu seiner Serie angeregt wurde. Irgendwelche Parallelen in der künstlerischen Auffassung lassen sich jedoch nicht feststellen (11).

Will man daher das Neuartige an den Fotos von Schmölz herausstellen, so muß man auf Bilder verweisen, deren Entstehung damals bereits fünfzig und mehr Jahre zurücklag. Im Laufe dieser langen Zeit hatte sich schon rein technisch so

Hannes Maria Flach, Strebewerk am südlichen Hauptschiff

manches verändert, mehr aber noch im Verständnis des Mediums. Waren die Architekturfotografen des 19. Jahrhunderts noch um allerhöchste Objektivität bemüht, so wichen ihre Nachfahren immer mehr von diesem Ideal ab und bemühten sich am Ende um Bilder, bei denen die Aussage des Menschen hinter der Kamera wichtiger wurde als die des abgelichteten Objektes (12). Karl Hugo Schmölz bewegte sich genau auf der Grenze zwischen diesen beiden Polen. An technischer Meisterschaft war er den Pionieren mindestens ebenbürtig, an Schärfe und Brillanz übertraf er sie sogar deutlich. Doch anders als sie teilte er auch sein persönliches Erleben dem Betrachter mit. Er hatte im Aufstrebenden der Gotik, im Zergliedern aller Bauelemente in senkrechte Linien von scheinbar endloser Länge den markantesten Wesenszug der Architektur des Kölner Domes erkannt. Ihn machte er zum eigentlichen Inhalt seiner Bilder.

An diesem Thema hielt er über ein Jahrzehnt lang fest. Immer wieder versuchte er, das ideale Dombild zu schaffen, bei dem kein Mensch, keine Wolke, kein Baum den Blick von der reinen Architektur ablenkt. Natürlich werden manchmal Bauten der Umgebung mit abgebildet, und bei den Fernsichten sind sie ja auch unerläßlich. Auch blattloses Baumgeäst füllt gelegentlich den leeren Raum neben den Turmspitzen. Doch in den besten Bildern erscheint, sorgsam ausgeschnitten aus dem Umfeld, nur die Architektur und nichts als die Architektur. Bei aller Dramatik aber, die viele dieser Bilder ausstrahlen, entmündigt Schmölz den Dom nicht. Wie ein guter Theaterregisseur versucht er stets, das Werk selbst sprechen zu lassen, die ihm innewohnende künstlerische Aussage zum Tragen zu bringen und es nicht zur eitlen Selbstdarstellung zu mißbrauchen.

So gesehen ist es eher ein Zufall, daß der Dom gerade in dieser Zeit seine dunkelsten Stunden seit der Einnahme Kölns durch die Franzosen im Jahre 1794 erlebte. Die Verachtung seitens der Intellektuellen, die unglückliche Wahl des Muschelkalkes als Ersatzgestein, die ständige Verringerung der Geldmittel und die damit verbundene Schrumpfung der Dombauhütte wären schon Minuspunkte genug gewesen. Doch alles dies wurde übertroffen von den Schrecknissen, die mit dem Zweiten Weltkrieg über die Kathedrale hereinbrachen. Schon 1936 begann das Staatshochbauamt ungefragt mit dem Umbau der Sakristeikeller zu Luftschutzräumen für die Bahnreisenden. Sofort nach Kriegsausbruch ließ Dombaumeister Güldenpfennig die Fenster mit Holz verschalen. Diese Maßnahme entstellte nicht nur die Kathedrale, sondern sie war auch völlig unzureichend. Der besser informierte preußische Staatskonservator Robert Hiecke telegrafierte daher aus Berlin und befahl ultimativ den Ausbau der kostbaren Glasgemälde, mit dem die Dombauhütte am 22. Februar 1940 begann. Über 300 Holzkisten füllten sich mit Scheiben. Als die Fenster des 19. Jahrhunderts an der Reihe waren, hatte der Luftdruck der in Domnähe niedergegangenen Bomben bereits erste Schäden an ihnen hinterlassen, und für viele kam der Ausbau zu spät. Nicht einmal Fotos sind von vielen dieser damals wenig geschätzten Kunstwerke der Neugotik erhalten geblieben (13).

1941 wurde das Chorgestühl abgebaut und in den südlich des Chores errichteten Luftschutzbunker gebracht. Vor den Chorschranken mauerte man Schutzwände aus Ziegelsteinen auf, und die Chorpfeilerfiguren umkleidete man mit massiven Holzkästen. Hiecke fürchtete, diese könnten in Brand geraten, und so verputzte man sie schließlich mit Gips. Die Grabmäler schützte man durch aufgeschichtete Sandsäcke, den Agilolphusaltar, ein Meisterwerk der Antwerpener Schule, mit einer gerundeten Ziegelmauer. Für alle beweglichen Kunstschätze errichtete Güldenpfennig nach eigenen Plänen unter dem Nordturm einen Schutzbunker aus Ziegelsteinen, den er als verkleinertes Pantheon gestaltete (14). Besonders gefährdet erschienen die Skulpturen aus der Parlerzeit im Petersportal, die einzigen mittelalterlichen Figuren, die sich am Außenbau erhalten hatten. Die Dombauhütte verschloß sie daher mit einer doppelten Balkenkonstruktion, in die Sandsäcke eingelagert waren, und verkleidete diese mit feuerfesten Platten.

Da die meisten Mitarbeiter zum Militärdienst eingezogen worden waren, verblieben nur noch wenige meist ältere Handwerker vor Ort. Am Tage versuchten sie, die Erneuerungsarbeiten am Strebewerk des Chores fortzusetzen, bis 1942 deren Ende angeordnet wurde. Des Nachts aber wachten sie in allen Dachräumen des Domes, um sie vor Feuer zu schützen. Am 31. Mai 1942 ging ein wahrer Regen von Brandbomben auf den Dom nieder. Dank des Einsatzes der Steinmetzen, die jeden einzelnen Brandherd sofort löschten, nahm der Dom selbst keinen Schaden. Niemand aber hatte daran gedacht, daß auch das neue Hüttengebäude gefährdet sein könnte. Es war nur in Fachwerk errichtet und brannte in jener Nacht völlig nieder. Dabei entzündete sich auch das große Holzgerüst im Winkel zwischen dem Chor und dem südlichen Querhaus, in dem seit 1911 der elektrische Fahrstuhl für die Werkleute lief. Zahlreiche Quader im unteren Bereich der betroffenen Strebepfeiler zerbarsten in der Hitze. Daraufhin wurden sämtliche, noch stehende Holzgerüste abgebaut und überhaupt alles brennbare Material entfernt.

Am 26. Februar 1943 gingen einige schwere Bomben südlich des Domes nieder. Der Luftdruck ließ mehrere Maßwerke der 17 m hohen Fenster des Langhaus-Obergadens zusammenbrechen, obwohl sie mit schweren Kanthölzern gesichert waren. Doch dieser erste größere Schaden am Steinwerk wurde schon bald erheblich übertroffen, als am 19. Juni eine Bombe in das

RBA: Nördliches Querhaus mit zerstörter Orgel, 1943

Dach des nördlichen Querhauses einschlug. Die Spitze des Giebels stürzte ab, alle vier Hochschiffgewölbe brachen ein und zerschlugen die große Orgel an der Nordwand des Querhauses. Auch große Teile der Dachdeckung gingen verloren. Obwohl man diese sofort wieder herzustellen begann, blieb der Dom seit jenem Tage für den Gottesdienst geschlossen.

Doch es sollte noch schlimmer kommen. Am 3. November 1943 trafen gleich zwei schwere Luftminen den Dom. Die eine schlug in Bodenhöhe in die Südwand des Langhauses ein, riß ein riesiges Loch in die Mauer und erschütterte die beiden angrenzenden Strebepfeiler bis in die fast 50 m hohen Spitzen. Die zweite, wohl die gefährlichste für den Dom überhaupt, traf einen Strebepfeiler des Nordturmes und sprengte 82,8 Kubikmeter Quadermauerwerk heraus. Die Lücke reichte von 10 bis 20 m Höhe über dem Boden. Bereits am 5. November erteilte die Dombauverwaltung mit Genehmigung der Behörden der Arbeitsgemeinschaft Bauunternehmung Prof. Schorn und Wildermann den Auftrag zur Sicherung der Schadensstelle. 27.500 Ziegelsteine wurden für die Ausmauerung der Bresche benötigt (15).

Am 8. Januar 1944 fiel eine Bombe auf das innere südliche Seitenschiff des Chores und zerstörte ein Gewölbe und das darunterliegende Mosaikfeld. Genau ein Jahr später wurde das große Westfenster getroffen und völlig zerstört (16). Am gleichen Tage explodierte eine Bombe im Strebewerk der Chor-Südseite, erschütterte zwei Strebepfeiler und drückte beide Schalen einer Triforiumsgalerie ein. Bei einem erneuten Angriff am 14. Januar traf eine Bombe die Außenwand des nördlichen Langhauses, riß die Maßwerkbrüstung weg und zerstörte die dahinter liegenden Teile des Seitenschiffdaches (17).

Der letzte schwere Angriff auf Köln am 2. März 1945 führte zum Verlust fast aller Dachflächen. Drei Gewölbe des Langhaus-Mittelschiffes stürzten ein, drei weitere wurden schwer beschädigt, so daß sie später abgebrochen werden mußten. Zwei Tage später besetzten die amerikanischen Truppen das linksrheinische Köln, doch die Zerstörungen hörten nicht auf. Deutsche Artillerie beschoß von Deutz aus die Stadt, 19 Granaten trafen den Dom und richteten schwere Schäden an den mittelalterlichen Teilen des Chores an.

Dombaumeister Güldenpfennig, inzwischen 70 Jahre alt und von schwerer Krankheit gezeichnet, hatte nach einem Angriff im Herbst 1944, bei dem die Dombauverwaltung und seine Wohnung zerstört worden waren, die Stadt Köln verlassen und Zuflucht bei Verwandten bei Göttingen gesucht, wo er am 14. November 1945 verstarb (18). An seiner Stelle ernannte der Oberpräsident der Rheinprovinz im November 1944 den Architekten Willy Weyres zum kommissarischen Dombaumeister. Kaum war seitens der Militärverwaltung die Rückkehr von Zivilpersonen in die Kampfzone gestattet worden, begann Weyres am 13. April 1945 mit den Sicherungsarbeiten. Während man von Ferne noch den Geschützdonner hörte, schafften Schüler bereits den Schutt aus dem Mittelschiff. An der Südwestecke des Querhauses wurde eine besonders gefährliche Lücke mit Ziegelsteinen ausgemauert. Im August begannen englische Pioniere die Trümmer der Hohenzollernbrücke zu sprengen, um die Schiffahrt wieder in Gang zu bringen. Auch dabei kam es zu Erschütterungen, die den Verlust vieler Fialen und eines weiteren Mittelschiffgewölbes zur Folge hatten.

Nach und nach kehrten die Mitarbeiter aus der Kriegsgefangenschaft zurück, und langsam begann sich der reguläre Hüttenbetrieb zu normalisieren. Eines der vordringlichsten Ziele war es, die Dachflächen wieder dicht zu bekommen. Ein Walzwerk in Neuss lieferte Zinkplatten, die ab Herbst 1945 auf die inzwischen reparierten Stahldachstühle montiert wurden. Im Mai 1946 gelang es, einen größeren Posten Stahlrohre zu mieten, um den Hochchor einzurüsten und mit der Reparatur der Fenstermaßwerke zu beginnen. Das Metropolitankapitel hatte aber nicht nur im Sinn, den Dom so bald wie möglich wieder benutzbar zu machen. Es war auch an der Vorgeschichte der gotischen Kathedrale interessiert, deren weitere Erforschung nur noch mit Hilfe der Archäologie möglich schien. So beschlossen die Domherren bereits am 22. Oktober 1945, die auf zehn Jahre geschätzte Wiederaufbauzeit für archäologische Ausgrabungen zu nutzen. Hiermit wurde der Archäologe Otto Doppelfeld beauftragt, der, nachdem ab dem 2. Mai 1946 mit dem Aufheben der Platten im Mittelschiff begonnen worden war, am 24. Mai die wissenschaftlichen Untersuchungen begannen (19).

Im Herbst 1947 kündigte Erzbischof Kardinal Frings an, daß die 700. Wiederkehr des Tages der Grundsteinlegung zum gotischen Dom trotz der Not der Zeit am 15. August 1948 feierlich begangen werden sollte. Er verlangte, bis zu diesem Tage wenigstens einen Teil des Domes wieder für den Gottesdienst zu öffnen. Weyres, der am 1. März 1947 offiziell zum Dombaumeister ernannt worden war, schlug vor, zunächst den Chor wiederherzustellen, denn dieser hatte alle Hochschiffgewölbe behalten. Später nahm man noch das Querhaus und zwei Langhausjoche hinzu und trennte den Westteil mit einer provisorischen Wand ab.

Nun setzte eine hektische Tätigkeit ein. Die ausgebauten mittelalterlichen Glasmalereien mußten wieder eingesetzt und zahlreiche Fenster mit provisorischen Scheiben geschlossen werden. Ein Seitenschiffgewölbe war neu zu mauern, alle anderen Gewölbe mußten verputzt und mit Kalk angestrichen werden. Man beschaffte eine neue Orgel, baute die Kriegsschutzeinrichtungen ab und stellte die beiden hinteren Reihen des Chorgestühls wieder auf. Nur mit den allergrößten Anstrengungen gelang es, den Termin einzuhalten und am 15. August 1948 ein glanzvolles Fest im wiederhergestellten Chor zu feiern.

Trotz aller Schwierigkeiten wollten sich die Verantwortlichen, allen voran Dombaumeister Willy Weyres, der vom Kapitel mit der Koordinierung beauftragte Prälat Franz Müller und der Sakristanpriester und Direktor des Diözesanmuseums Joseph Hoster, nicht mit reinen Reparaturaufgaben begnügen. Sie versuchten vielmehr, eine neue geistige Durchdringung der Kathedrale zu erreichen, ihre Aneignung durch die Menschen der Zeit und ihre Hineinnahme in das erneuerte Bewußtsein. Die schien nur möglich, wenn auch die Ausdrucksformen der Gegenwart am Dom sichtbar wurden. Bedeutendstes Zeugnis dieses Bestrebens wurden die Bronzetüren im Mittelportal der südlichen Querhausfassade von Ewald Mataré, der ersten bedeutenden neuen Kunstwerke im öffentlichen Raum im Nachkriegsdeutschland. Sie wurden kurz vor dem Dombaufest eingesetzt und erregten ungeahntes Aufsehen.

Karl Hugo Schmölz fertigte während dieser ganzen Zeit weiter Fotos vom Dom an. Heute erscheint es uns, als habe er überhaupt nicht bemerkt, was da unter seinen Augen vorging. Als sei nichts geschehen, blieb er seinem Thema treu und fotografierte nicht etwa Zerstörung und Verfall, Wiederaufbau und Neubeginn, sondern einzig und alleine Gotik. Natürlich sieht man auf den Bildern die Bombenschäden und gelegentlich auch Hinweise auf Bautätigkeit. Doch dies bleibt unbetont, lästige Randerscheinung höchstens, wenn nicht sogar bewußt eingesetzt, um noch eindringlicher schildern zu können, was denn Gotik ausmacht. Ein gewisser Trotz scheint durch manche Fotos hindurch: Sieh her, scheinen sie zu sagen, der Dom ist beschädigt, aber was macht das schon? Gotik wird davon nicht berührt, sie ist unzerstörbar.

So entstand in dem Jahrzehnt zwischen 1938 und 1948 ein Konvolut von Domfotos, das ein zweifaches Zeugnis ablegt. Einmal zeigt es das unablässige Bemühen eines hochrangigen

Fotokünstlers, mit seinen Aufnahmen ein selbstgestelltes Thema zu bewältigen. Dann aber ist es eine Dokumentation der Tatsache, daß die vollkommenste aller gotischen Kathedralen im Zweiten Weltkrieg zwar entsetzliche Zerstörungen erlebte, aber dennoch auch in dieser dunklen Zeit eine Königin geblieben war.

(1) Zur Geschichte des Dombaues im 19. Jahrhundert umfassend: Arnold Wolff, Die Baugeschichte der Domvollendung, in: Otto Dann (Hrsg.), Religion-Kunst-Vaterland. Der Kölner Dom im 19. Jahrhundert, Köln 1983, S. 47–77. Siehe auch die beiden Katalogbände zur Domausstellung von 1980: Hugo Borger (Hrsg.), Der Kölner Dom im Jahrhundert seiner Vollendung, Köln 1980.
(2) Willy Weyres, Zur Kölner Domumgebung, Teil 1, Kölner Domblatt 35, 1972, S. 39-80, Teil 2, Kölner Domblatt 38/39, 1974, S. 43-60; Judith Breuer, Die Kölner Domumgebung als Spiegel der Domrezeption im 19. Jahrhundert (Landeskonservator Rheinland, Arbeitsheft 10) Mönchengladbach 1981.
(3) Peter Keller, Harald Schlüter, Die Bronzetüren des 19. Jahrhunderts am Dom zu Köln, in: Kölner Domblatt 61, 1996, S. 163-230.
(4) Peter Springer, Das Kölner Dom-Mosaik (Studien Zum Kölner Dom 3) Köln 1991.
(5) Am treffendsten wurde das Mißbehagen an der Umgestaltung der Domumgebung durch ein Gedicht von Ernst Bertram (1884–1957) ausgedrückt, das mit den Worten beginnt: *Ihr rißt ihn aus dem Dämmer, das ihn barg. Das kleine Leben, dem er groß entblühte, Ihr schlugt es nieder: gläsern wie ein Sarg umschließt ihn eine Leere, kahl und karg.* Ernst Bertram, Der Rhein, Köln 1922; abgedruckt auch in: Paul Clemen, Der Dom zu Köln, (Die Kunstdenkmäler der Rheinprovinz 6, III. Die Kunstdenkmäler der Stadt Köln 1. II.) Düsseldorf ^{2}1938, S. 410.
(6) Als spätes Beispiel sei hier nur auf Heinrich Böll verwiesen, der sich, wie es in dem Interview mit Werner Koch vom 2. Juli 1979 zum Ausdruck kommt, lebenslang nicht von diesem Vorurteil zu lösen vermochte. Merian, Heft 12, 1979, S. 134–144. Auch in seinem Roman *Billard um halbzehn* (Köln 1959), kommt, wenn auch verschlüsselt, der heftige Unmut Bölls über den Ausbau des Domes im 19. Jahrhundert zum Ausdruck.
(7) Zur Geschichte der Domrestaurierung im 20. Jahrhundert vgl. Arnold Wolff, Der Dom, in: Köln und seine Bauten 1928–1988, (Hrsg. Heribert Hall), Köln 1991, S. 479–493.
(8) Werner Neite, Der Kölner Dom als erstes Bauwerk der frühen deutschen Architekturphotographie, in: Kölner Domblatt 36/37, 1973, S. 115–134.
(9) Zur Domfotografie im 19. Jahrhundert siehe: Arnold Wolff, Dombau in Köln, Photographen dokumentieren die Vollendung einer Kathedrale, Stuttgart 1980.
(10) Z. B. Werner Burmeister, Norddeutsche Backsteindome. Aufgenommen von Albert Renger-Patzsch, Berlin 1930.
(11) Christoph Brockhaus und Reinhold Mißelbeck, Hannes Maria Flach, Photographien der zwanziger Jahre, Museum Ludwig (Ausstellungskatalog) Köln 1983.
(12) Einen (späten) Extremfall subjektiver Fotografie dokumentiert das Buch von Winfried Kralisch, Domlandschaften, Köln 1980.
(13) Von den von Wilhelm Osterwald entworfenen und im 2. Weltkrieg völlig zerstörten Scheiben der Marienkapelle (südliches Seitenschiff des Chores) ist bisher lediglich ein einziges Foto aufgetaucht, das von Hannes Maria Flach aufgenommen wurde. Vgl. Brigitte Lymant, Glasfenster, in: Hugo Borger, Der Kölner Dom im Jahrhundert seiner Vollendung, Ausstellungskatalog Köln 1980, Bd. 1, S. 322.
(14) Zu diesem Bunker und seinem Abbruch siehe: Arnold Wolff, 27. Dombaubericht, in: Kölner Domblatt 51, 1986, S. 156–162, Abb. 16–19.
(15) Vgl. Arnold Wolff, 30. Dombaubericht, in: Kölner Domblatt 54. 1989, S. 12–19, Abb. 1–7.
(16) Vgl. Arnold Wolff, 34. Dombaubericht, in: Kölner Domblatt 58. 1993, S. 9–19, Abb. 1-9 sowie S. 28–34, Abb. 10-14.
(17) Vgl. Arnold Wolff. 31. Dombaubericht, in: Kölner Domblatt 55, 1990, S. 12–18, Abb. 3.
(18) Gerhard Dietrich, Einige Nachrichten über Hans Güldenpfennig. Dombaumeister in dunkler Zeit: 1928–1944, in: Kölner Domblatt 51, 1986, S. 285–338. Der Titel dieses Aufsatzes hat mich angeregt, meinen Beitrag in diesem Buche ähnlich zu benennen.
(19) Berichte zur Domgrabung laufend im Kölner Domblatt ab Nr. 1, 1948. Zusammenfassend: Die Domgrabung Köln, Altertum, Frühmittelalter, Mittelalter. Kolloquium zur Baugeschichte und Archäologie (Studien zum Kölner Dom 2), Köln 1996.

Die mittelalterliche Skulptur im Kölner Dom

von Roswitha Neu-Kock

Die besondere Ausstrahlung einer gotischen Kathedrale beruht zu einem großen Teil auf der engen Verflechtung von Architektur und Skulptur. Durch die gerüstartige Struktur und die konstruktive Gliederung der Mauermassen entstehen zahlreiche, recht unterschiedliche Wandabschnitte, die den Intentionen von Bildhauern in vielfältigster Weise entgegenkommen. An Seitenwänden und Fassaden bieten sich der skulpturalen Gestaltung die Strebepfeiler und Wasserspeier an, an den tief eingeschnittenen Portalen die Gewände und Archivolten, schließlich im Kircheninneren die Arkadenpfeiler. Die liturgische Funktion von Chor und Seitenkapellen verlangt nach Altären und Kirchenmöbeln, die wie die zahlreichen Grabmäler, durch die dem Raum ein weiterer Sinn zugeführt wird, oft als Träger von großen und kleinen Bildwerken dienen. All dieses darf jedoch nicht als bloßes Dekor angesehen werden, denn erst im Zusammenwirken der architektonischen und bildnerischen Elemente erfährt das Gebäude seine vollständige inhaltliche Deutung.

Diese Verwobenheit der beiden formal gegensätzlichen Gattungen hat zur Folge, daß Grundzüge des bildhauerischen Programms und viele gestalterische Details schon bei der Planung der Kathedrale berücksichtigt werden müssen. So hat der Architekt beim Entwurf der Fassade nicht nur die Maßverhältnisse und Aufteilungen der Gesamtfassade vor Augen, sondern ebenfalls die differenzierte Gliederung der Portale mit Gewändestrukturen, Archivoltenprofilen, Skulpturennischen, Konsolen und Baldachinen, weil Harmonie sich nur auf diese Weise einstellen kann. Auch im Innenraum müssen überall dort, wo Bildwerke im baulichen Verband erscheinen sollen, alle wesentlichen Entscheidungen über Anbringungshöhe, Proportionen von Sockeln und Baldachinen bis hin zur ungefähren Größe der Skulpturen frühzeitig getroffen werden, und zwar nicht allein wegen des Gleichgewichtes zwischen Bauwerk und Ausstattung, sondern zu einem gewissen Teil auch aus Gründen der Bauökonomie. Konsolen oder Baldachine werden zweckmäßigerweise mit dem Verband versetzt, während die Aufstellung von Altären und Grabmälern weitgehend frei erfolgen kann, auch wenn im Grundplan die Positionen von Altären schon vorgegeben sind.

Manchmal hat die räumliche Einbindung der Bildwerke eine gewisse formale Anpassung an die architektonische Struktur zur Folge. Im Kölner Dom läßt sich dies sowohl an den Pfeilerfiguren des Hochchores wie an den Gewändefiguren des Petersportales verdeutlichen. Auf den ersten Blick und aus der Entfernung sehen sie sich weitgehend ähnlich, weil die Gestalten nach einem einheitlichen Grundschema aufgebaut sind. Hier wirkt sich ein gewissermaßen serielles Denken der Gotik aus, das für die gotische Kathedrale typisch ist. So präsentieren sich die Arkadenpfeiler und Gewölbe in einer gleichmäßig ruhigen Abfolge, durch die der Blick schrittweise in die Tiefe gelenkt wird. Dieses gleichsam prozessionsartige Schreiten findet sein Echo in der Reihe der Chorapostel ebenso wie in den Gewändefiguren des Südturmportals, ja selbst auf den Wänden der verschiedenen Grabtumben. Allerdings bilden die Skulpturen durch ihre Körperbiegung und -drehung und die Faltenlandschaft der Gewänder auch einen nicht übersehbaren Kontrapunkt zur Gradlinigkeit der Architektur. Wenn in diesem Dialog der Formen die Harmonie des Ganzen gewahrt bleibt, so erweist sich darin die Meisterschaft aller Beteiligten.

Ihre besondere Bedeutung gewinnen die Skulpturen des Domes durch eine bemerkenswert geschlossene inhaltliche Struktur, die auf eine fundierte beratende Begleitung der Arbeiten durch die Auftraggeber schließen läßt. Insbesondere im Hochchor, der als erster Bauteil 1322 eingeweiht wurde, sind alle Teile der Ausstattung – Bildwerke, Wand- und Glasmalereien – weitgehend einem gemeinsamen Grundgedanken verpflichtet. Einige Jahrzehnte nach der Fertigstellung des Hochchores wurde die Errichtung des Südturmes in Angriff genommen, der ebenfalls für ein umfangreiches skulpturales Programm Platz bot, das, da es trotz der mehrere Jahrzehnte dauernden Durchführung geschlossen wirkt, sicher ebenso geplant war wie das Programm des Chores. Das Bildprogramm wird somit zum Band, das die nacheinander entstandenen Bildwerke des Domes miteinander verknüpft, während die Form sich dem jeweiligen Zeitstil angleicht.

Über den Wert der über Jahrhunderte gewachsenen skulpturalen Ausstattung des Domes war man sich weitgehend immer bewußt. Dennoch mußten einige wichtige Teile, vor allem das steinerne Sakramentshaus und der Dreisitz, beide zur „Grundausstattung" des Chores gehörend, den Modernisierungsbestrebungen des 18. Jahrhunderts weichen. Im zwanzigsten

Jahrhundert war das Bewußtsein über die Kostbarkeit des Inventars so ausgeprägt, daß direkt beim Ausbruch des Zweiten Weltkrieges die beweglichen Objekte an sicheren Orten untergebracht wurden. Alle nichttransportablen Werke, vor allem das Petersportal und die Chorpfeilerstatuen, erhielten eine „Schutzhaut" aus Sandsäcken und Holzverschalungen. Über die Problematik des Holzmaterials war man sich im klaren, konnte aber aus Mangel an Metallgerüsten nur einen feuerdämmenden Anstrich als zusätzlichen Schutz anbringen. Sicher war es eine besondere Schicksalsgunst, daß der Dom im Chorbereich, wo die Pfeilerfiguren und das Chorgestühl belassen worden waren, keine gravierenden Schäden erlitt und daß auch an den anderen Stellen die Schutzmaßnahmen vor schlimmeren Verlusten bewahrten. Nach den ersten Instandsetzungen war der Dom zum Jubiläumsjahr 1948 daher nicht nur räumlich wieder zugänglich, sondern zeigte auch seine alte Ausstattung wieder.

Das älteste Bildwerk des Domes, das Gero-Kreuz, stammt noch aus dem karolingischen Vorgängerbau, dem sog. „Alten Dom". Seine Wertschätzung, die seit dem 14. Jahrhundert auch durch Quellen belegt werden kann, beruhte sicher nicht allein auf seinen überlebensgroßen Dimensionen, sondern auch auf seinem legendären Wert. Schon früh war die Legende verbreitet worden, Erzbischof Gero habe einen Riß im Haupt des Kruzifixus durch Einlegen einer Hostie geschlossen. Im Alten Dom war es wohl hinter dem Grabe seines Stifters, in der Nähe des Kreuzaltares, aufgestellt, wo es mit seiner Größe – der Korpus mißt 187 cm – einen höchst bemerkenswerten Raumakzent gesetzt haben muß. Auch damals hat man sicher schon den besonderen künstlerischen Wert des Kreuzes erkannt, der sich nicht nur in der außergewöhnlichen Modellierung des Körpers ausdrückt, sondern vor allem in der Tatsache, daß Christus hier nicht als Sieger oder König am Kreuz erscheint, sondern als Toter. Die Augen gebrochen, den Kopf zur Seite gesenkt, hängt der Körper in Todeserschlaffung schwer an schmerzhaft gezerrten Armen, wird aber zugleich durch eine Fußstütze aufgefangen, so daß er nach vorn und zur Seite in einer Bewegung ausweicht, die in keinem älteren zeitgenössischen Kunstwerk eine Parallele findet.

Dendrochronologische Untersuchungen haben die Entstehung des Kreuzes in der Amtszeit Erzbischofs Gero (969–976) bestätigt und bewiesen, daß es sich um die älteste erhaltene Monumentalskulptur des Mittelalters handelt. Wie stark die Ausstrahlung dieses Werkes empfunden worden ist, erhellt nicht zuletzt die Tatsache, daß es zahlreiche „Nachschöpfungen" erfahren hat. Auch dies dürfte ein Beweggrund für die Übertragung des Kreuzes aus dem Alten in den Neuen Dom gewesen sein.

Aus dem „Alten Dom" stammt auch das nächste Werk, der eigentliche kultisch-liturgische Mittelpunkt des Domes, der Schrein der Heiligen Drei Könige. Er wurde nur wenig entfernt vom Gero-Kreuz in der Achskapelle des Chorumgangs aufgestellt, die von den Gläubigen jederzeit problemlos zu erreichen war. Als Schöpfer des Schreines gilt der Goldschmied Nikolaus von Verdun, der einen neuen, stark von der Antike beeinflußten Stil nach Köln importierte. Nach 1181 in Auftrag gegeben und konzipiert, wurde das Werk jedoch wohl erst um 1230 vollendet. Die im Rheinland verbreitete hausartige Grundform wandelte der Goldschmied ab, indem er drei Schreine zu einer Gruppe verband und durch diese Akkumulation nicht nur geschickt auf die Dreizahl der Könige, sondern auch auf die weiteren Reliquien in diesem Schrein verwies: die Gebeine der Heiligen Felix, Nabor und Gregor von Spoleto.

An den Stirn- und Seitenwänden und den Dachflächen entfaltet sich mit unbegrenztem Einsatz aller technischen und künstlerischen Mittel das Bildprogramm des Schreines. Statt Heiligenlegenden wird die theologische Heilsgeschichte dargestellt, vom Alten Testament über das Neue bis zur Wiederkunft Christi am Ende der Tage. Prophetengestalten, würdige, an antike Philosophen erinnernde Gestalten, in lebhafter Bewegung dialogisch einander zugewandt, vertreten die Zeit „ante legem". Über ihnen, ebenfalls unter Arkaden und von ähnlicher innerer Bewegtheit bestimmt wie ihre Vorläufer, thronen die Apostel. Auf den Dachflächen ergänzten heute verlorene Szenen aus dem Leben Christi und endzeitliche Szenen das Programm, das seine Fortsetzung auf den beiden Stirnseiten findet: auf der Rückseite unten Passionsszenen, darüber Christus bei der Krönung der Heiligen Felix und Nabor, an der Vorderseite, der „Schauwand", hinter der sich die Schädelreliquien der Könige verbergen, unten die Epiphanie und die Taufe Christi, oben Christus als Weltenrichter.

Durch die Kostbarkeit des Materials und die Üppigkeit des Dekors wird das ausgeklügelte Bildprogramm in eine Sphäre überirdischen Glanzes gehoben. In jedem kleinsten Detail, seien es gestempelte Goldgründe, emaillierte Säulchen und Gußkapitelle, Zierleisten, Filigranplatten, Niellos, Inschriftleisten, Gemmen und Edelsteine, läßt sich die zentrale Bedeutung des Werkes für seine Schöpfer und die gläubige Welt nachvollziehen. Stilistisch war mit diesem Werk der Höhepunkt der romanischen Schreinskunst erreicht; danach hielt auch in der Goldschmiedekunst die Gotik allmählich ihren Einzug.

1248, nur wenige Jahre nach der Fertigstellung des Dreikönigenschreins, wurde mit der Grundsteinlegung zum Neuen Dom die kölnische Gotik eingeleitet. Die Arbeiten begannen mit dem Domchor, der 1322 eingeweiht werden konnte. Die Statuenreihe, die noch während der Bauzeit, zwischen 1280 und 1300 an den Arkadenpfeilern des Chores angebracht wurde, zeigt den großen Abstand zwischen der Romanik und dem neuen Stil. Mit Christus und Maria an den beiden Mittelpfeilern und den Aposteln zu beiden Seiten wird an das Bildprogramm des Dreikönigenschreins angeknüpft, doch werden die Bildwerke durch ihre hohe Aufstellung in die Sphäre des Himmlischen entrückt. Die sanfte Schwingung und Drehung, die jede Statue durchzieht, unterbricht das Aufwärtsstreben der Pfeiler und läßt den Blick auf dem bewegten Faltenspiel der Gewänder verharren. In der Fernsicht wird der Gegensatz zwischen den architektonischen Linien und den plastischen Volumina jedoch verschliffen und die Gleichförmigkeit, die den Aufbau der einzelnen Figuren bestimmt, betont. So entsteht auch hier wie in den Pfeilern und Gewölben der Eindruck einer Reihung gleichstrukturierter Elemente, der sich bis in die Gesichter der Pfeilerfiguren verfolgen läßt, sind sie doch alle „Varianten eines gleichartigen, jugendlich-idealisierenden Typus, mit feinen und geglätteten Gesichtszügen, vor allem aber mit immer üppig ondulierten Bart- und Haarlocken" (R. Suckale). Ein Reigen musizierender Engel, als Bekrönung über den Figurenbaldachinen angebracht, greift die Bewegung der Pfeilerskulpturen verhalten auf und leitet damit zur Pfeilerstruktur über.

Die Bildhauer der Pfeilerskulpturen, mit französischen Werken der Zeit vertraut, aber zu eigenständiger Verarbeitung der Anregungen fähig, schufen auch die weitere Ausstattung für den Domchor, die „Mailänder Madonna", das Chorgestühl und den Hochaltar. Im 1308–1311 entstandenen Chorgestühl, das dem höfischen „Adventus" der Pfeilerskulpturen eine ausgesprochen irdische Bildwelt entgegensetzt, machen sich lothringisch-französische Einflüsse bemerkbar. Die zierlichen Gestalten der Hochaltarmensa, die wahrscheinlich zwischen 1310 und 1320 entstand, zeigen einen ähnlichen Stil. Hier stellt vor allem die additive Maßwerkblende die Verbindung zur Raumarchitektur her und wird durch das Bildprogramm verstärkt. Unter den Szenen aus dem Leben Mariens knüpft die zentrale Darstellung der Vorderseite, eine Marienkrönung, unmittelbar an die Monumentalskulpturen der mittleren Chorpfeiler an und schließt so die räumlich getrennten Bereiche sinnfällig zusammen.

1261, lange vor der Vollendung des Domchores, starb Erzbischof Konrad von Hochstaden, der den Grundstein zum Neubau gelegt hatte. Man errichtete ihm ein aufwendiges Grabmal in der schon fertigen Scheitelkapelle des Chorumgangs, das im 14. Jahrhundert, als der Dreikönigenschrein hier Aufstellung fand, in die Johanneskapelle verlegt wurde. Nichts ist von diesem Grabmal erhalten außer der Deckplatte, auf der der Verstorbene mit allen Insignien seiner Würde unter einer gotischen Blendarkade mehr steht als liegt. Der ursprüngliche, ebenfalls aus Bronze gegossene Unterbau ging während der französischen Besetzung Kölns 1794 verloren. Doch genügt die Gestalt des Erzbischofs vollkommen, um die Leistungsfähigkeit ihrer Schöpfer zu demonstrieren: sie benutzten verschiedene französische Vorbilder, entwickelten sie aber eigenständig weiter. Offensichtlich gehörten sie der Domwerkstatt an, und ihr nächstes großes Werk, das deutliche Verbindungen zum Hochstaden-Grab zeigt, waren die Chorpfeilerfiguren. Die Hochstaden-Tumba war das erste Grabmal der Domwerkstatt und fand in den nächsten Jahren mehrere Nachfolger: Erwähnt seien nur die Denkmäler für den 1191 verstorbenen Erzbischof Philipp von Heinsberg (um 1300), für Walram von Jülich († 1349), Wilhelm von Gennep († 1362) und Engelbert von der Mark († 1368). Von ihnen geht eine unmittelbare Verbindung zu den Skulpturen der Westfassade, während die späteren Grabstätten, so für Friedrich von Saarwerden († 1414) und Dietrich von Moers († 1463) neue Klänge in die Grabmalsplastik des Domes bringen. Zusammen mit dem „verschwundenen Inventarium" des Domchores – Sakramentshaus, Dreisitz und verschiedene Einzelwerke – dokumentieren diese Denkmäler nicht nur die technische Vielseitigkeit und künstlerische Qualität der Werkstatt, sondern auch eine bemerkenswert eigenständige stilistische Kontinuität, die sich jedoch Anregungen von außen nie verschloß.

Bot schon der Domchor den Bildhauern und Steinmetzen ein reiches Betätigungsfeld, mußte die geplante Westfassade, deren Baubeginn kurz vor 1260 anzusetzen ist, geradezu ihr Eldorado werden. Die architektonische Struktur war prächtiger und vielgliedriger als das Kircheninnere, da hier gleichsam die Einstimmung der Gläubigen erfolgte, wobei der Skulptur eine entscheidende Rolle zufiel. Am einzigen im Mittelalter ausgeführten Portal des Südturmes werden die Kirchenbesucher von den Statuen der Apostel in Empfang genommen, an ihrer Spitze, zu beiden Seiten der Tür, St. Petrus als zweiter Patron des Domes und St. Paulus. Aus den Archivolten blicken Sitzfiguren von Propheten, Kirchenvätern und Evangelisten, Heiligen und musizierenden Engeln auf die Eintretenden herab, während im Tympanon Szenen aus dem Leben von Petrus und Paulus zu sehen sind. Weitere Heiligenfiguren sind unter den Baldachinen der Strebepfeiler und in den Wimpergen so hoch und fast versteckt aufgestellt, daß sie von unten kaum zu erkennen sind. Aber auch sie tragen, ebenso wie die monumentalere Portalplastik, wesentlich zur Gesamtwirkung der Fassade bei, die vor allem in der Differenziertheit der Oberfläche beruht.

Die Ausarbeitung des Bildschmucks begann nach der Fertigstellung des Rohbaus für die beiden Turmuntergeschosse um 1370. Merkwürdigerweise folgte man nicht dem Bauverlauf von unten nach oben, sondern begann mit den Heiligenfiguren für die Baldachine in den Strebepfeilern. Um 1375 wurden die Statuen der Apostel für das Portalgewände in Angriff genommen. Beide Gruppen zeigen deutlich ihre Verwurzelung in der Domwerkstatt, doch weist die individuell-naturalistische Gesichtsbildung der Gewändeapostel schon in eine zukünftige Richtung. Das Verhältnis zwischen Körper und Gewand hat sich, verglichen mit den Chorapostel n, entscheidend gewandelt. Eine leichte S-Kurve durchzieht die schlanken Gestalten und bestimmt die Drapierung der Gewänder, deren wohlgeordnete, schmale Falten die Stabwerkgliederung der Hintergrundnische reflektieren. Die Haltung der Apostel ist ambivalent: In kaum merklicher Körperdrehung scheinen sie einerseits die Eintretenden in Empfang zu nehmen, sie zugleich aber auch ins Kircheninnere weiterzuleiten. Dadurch gewinnen sie gegenüber den Chorapostel n eine Präsenz, die ihre Funktion als Mittler zwischen der himmlischen und irdischen Welt hervorhebt.

Während die Arbeiten am Portal im vollen Gang sind, kommt, wahrscheinlich kurz nach 1378, aus der Ferne eine Bildhauerpersönlichkeit nach Köln, die in die Portalwerkstatt aufgenommen wird und bald Spuren ihres Schaffens hinterläßt. Es handelt sich um Heinrich Parler, den Neffen des Prager Dombaumeisters und Bildhauers Peter Parler. Mit seinen Statuetten und Reliefs für das Portaltympanon und die Archivolten hält ein neuer plastischer Stil in Köln Einzug. An die Stelle der Verhaltenheit, wie sie die Apostel- und Heiligenstatuen der Fassade zeigen, setzt er eine starke innere und äußere Bewegtheit. Beispielhaft sind die Gestalten des hl. Quirinus und der hl. Katharina in den Archivolten, die durch ausgreifende körperliche Drehung die kleine, ihnen zur Verfügung stehende Nische voll ausfüllen. An den Gewändern besticht eine neue Stofflichkeit und Detailfreude, die auch für die Durchbildung der Gesichter mit einem außergewöhnlich individuellen und beseelten Ausdruck maßgeblich ist. Der neue Stil erfaßt auch andere Meister, die zunächst den Zyklus der Archivoltenengel und daran anschließend, schon im neuen Jahrhundert, das schon erwähnte Saarwerden-Grabmal im Chorumgang schaffen. Daß der Weg in den neuen Stil am Portal eröffnet wird, hat fast schon symbolischen Charakter: Es wird zur Durchgangsstation vom Idealismus des 14. zum Naturalismus des 15. Jahrhunderts, der sich in einer jüngeren Bildhauergeneration schließlich auch in der Domskulptur durchsetzt.

Karl Hugo Schmölz hat bei seinen Fotoarbeiten im Kölner Dom ein ganz besonderes Verhältnis zur Skulptur des Mittelalters entwickelt. Die angemessene Wiedergabe dieser Werke war eine besondere Herausforderung, denn Skulpturen entziehen sich allein schon durch das Fehlen einer „Ansichtsseite" der adäquaten Wiedergabe. Hinzu kommt, vor allem bei Skulpturen im kirchlichen Raum, ihre meist ungünstige Aufstellung und schlechte Beleuchtung. Man kann aus diesen Bedingungen einen subjektiven Bildstil entwickeln und die Objekte aus dem Blickwinkel des Betrachters im Tageslicht wiedergeben, wobei das Ergebnis jedoch selten befriedigt. Karl Hugo Schmölz hat statt dessen den Weg der Annäherung gesucht, dessen Ziel es ist, den individuellen Charakter jedes einzelnen Werkes zu finden und fotografisch zu erfassen. Dabei kommt den Detailaufnahmen der Gesichter eine besondere Rolle zu, und Schmölz hat es verstanden, den Charakter der jeweiligen Person mit Hilfe zielsicher gesetzter Beleuchtungseffekte herauszuarbeiten. Dabei ist eine gewisse Dramatik nicht zu übersehen, die durch den engen Bildausschnitt und den Blickwinkel noch unterstrichen wird und die technisch-stilistische Aussagefähigkeit des Bildes in den Hintergrund treten läßt. Doch sind es Bilder von einer großen Wirkkraft, deren Bedeutung auch dadurch zum Ausdruck kommt, daß sie noch heute in mancher kunsthistorischen Arbeit Verwendung finden.

Karl Hugo Schmölz, Selbstporträt mit seiner Kamera, 1948

Fotografien

Rheinansicht von Mülheim aus, 1939

Rheinansicht mit Mülheimer Brücke, 1939

oben: Hohenzollernbrücke mit Dom, 1962
rechts: Der Dom von Deutz bei Nacht, 1953

oben: Altstadt mit Dom und Hängebrücke, 1939
rechts: Rheinufer mit Treibeis, 1962

Dom mit St. Andreas, 1946

Dom, Westfassade, 1959

oben: Der Dom vom Hansa-Hochhaus, 1946
rechts: Der Dom vom Bahnhofsvorplatz, 1945

Der Dom von Südosten, 1954

Der Dom von Südwesten, 1939

Der Dom vom Wallrafplatz, 1946

Der Dom von Südwesten, 1946

oben: Die Domtürme von Nordost, 1946
links: Die drei Obergeschosse der Westfassade, 1939

Die Domtürme von Südost, 1940

Die Spitzen der Domtürme von Südost, 1940

oben: Der Chor von Osten, 1947
links: Die Spitze des Südturmes vom Dachreiter, 1947

oben: Die Domtürme vom Dachreiter aus, 1947
S. 46/47: Der Chor von Osten, 1947

Die Domtürme vom Dachreiter aus, 1947

Der Nordturm von Südost, 1947

Die Domtürme von Südost, 1947

oben: Das Strebewerk der Langhaus-Südseite mit Südturm, 1947
rechts: Die Südostecke des Querhauses, 1947

oben: Das Strebewerk der Langhaus-Südseite, 1942
S. 54: Die Südseite des Chores, 1947
S. 55: Das Strebewerk der Chor-Südseite, 1947

Strebepfeiler der Langhaus-Südseite, 1947

Im Strebewerk der Langhaus-Südseite, 1942

Im Strebewerk der Langhaus-Südseite, 1947

Das Strebewerk der Langhaus-Südseite, 1947

Das Strebewerk der Langhaus-Südseite, 1947

Das Strebewerk der Langhaus-Südseite, 1947

Das Triforium der Westwand des südlichen Querhauses, 1947

oben: Die Nordwand des Langhauses nach Westen, 1947
links: Zwei Fenster der Ostwand des nördlichen Querhauses, 1947

oben: Die Westwand des nördlichen Querhauses, 1947
links: Die Westwand des nördlichen Querhauses, 1947

oben: Die Nordwand des Langhauses nach Westen, 1947
rechts: Die Nordwand des Langhauses nach Westen, 1947

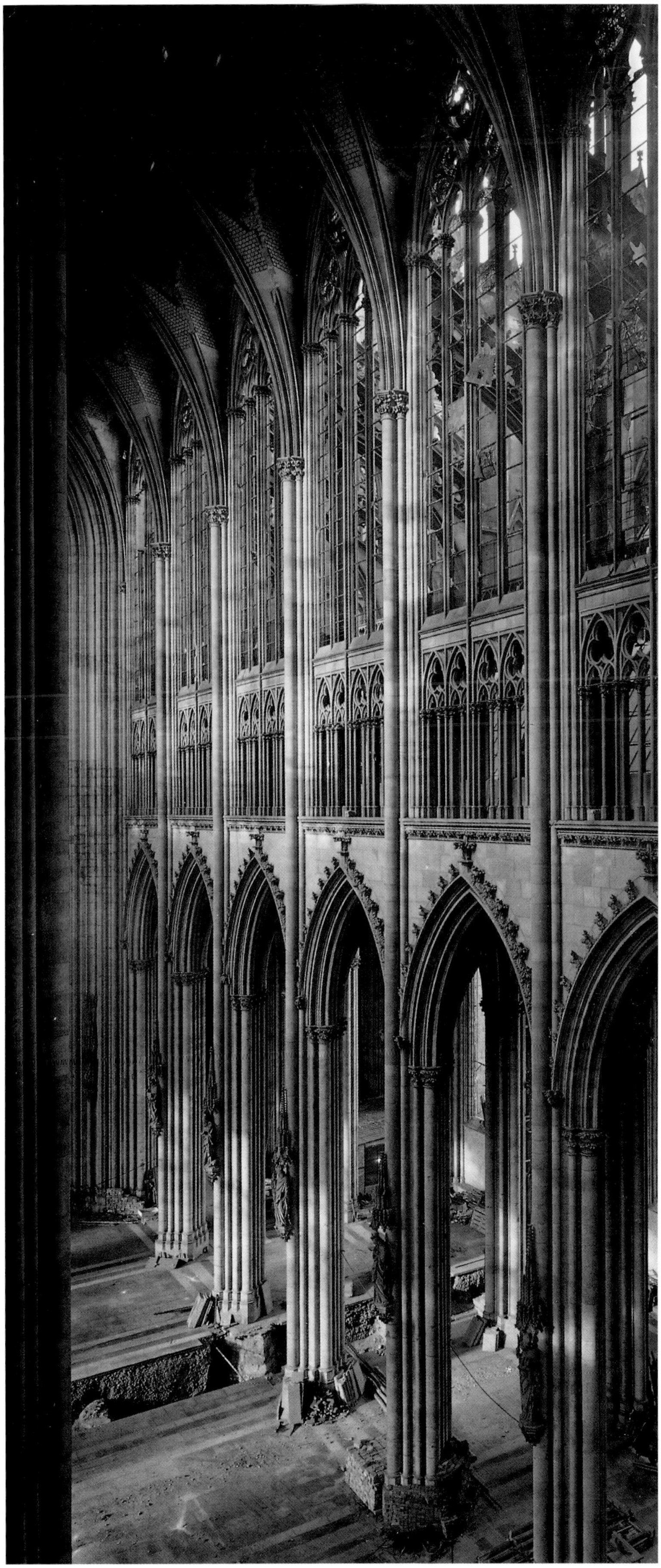

oben: Der Chor, 1948
rechts: Das innere südliche Seitenschiff des Langhauses nach Westen, 1938

oben: Der Chor, 1948
rechts: Das Chorhaupt, 1948

Das Petersportal, 1947

links oben: Petersportal, St. Jacobus d. Ältere, 1947
rechts oben: Petersportal, Apostel Paulus

oben: Petersportal, Kopf des Heiligen Petrus, 1947
links: Petersportal, Heiliger Petrus, 1947

oben: Petersportal, Kopf des Apostel Johannes, 1947
links: Petersportal, Apostel Johannes, 1947

oben: Petersportal, musizierender Engel, 1947
rechts: Petersportal, musizierender Engel, 1947

oben: Petersportal, Heilige Katharina, 1947
links: Petersportal, musizierender Engel, 1947

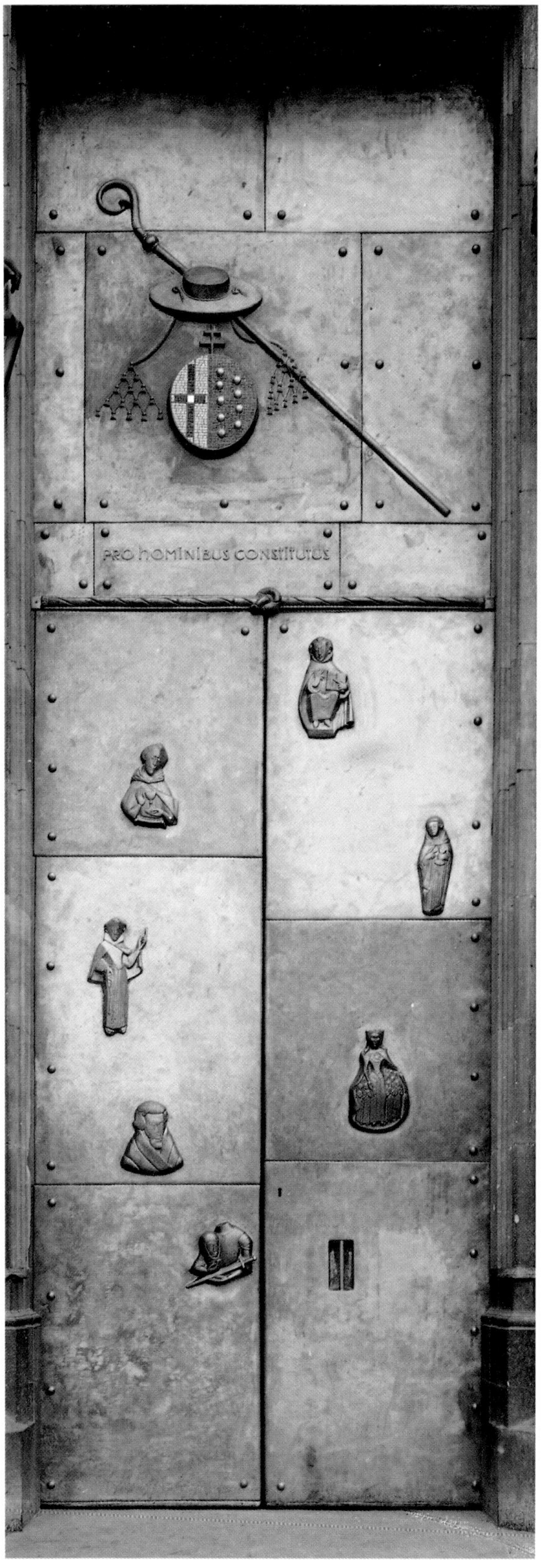
PRO HOMINIBUS CONSTITUTUS

Opus Justitiæ
PAX

oben: Südliche Querhausfassade, Papsttüre, 1948
links: Südliche Querhausfassade, links: Bischofstüre, rechts: Papsttüre, 1948

PRO HOMINIBUS CONSTITUTUS

St URSUL

oben: Südliche Querhausfassade, Das brennende Köln, Mataré-Türen, 1948
links: Südliche Querhausfassade, Vier Details der Mataré-Türen, 1948

Apostelfigur, Grabmal Friedrich von Saarwerden, 1947

Apostelfigur, Grabmal Friedrich von Saarwerden, 1947

oben: Apostelfigur, Grabmal Friedrich von Saarwerden, 1947
links: Apostelfigur, Grabmal Friedrich von Saarwerden, 1947

oben: Heiliger Johannes, Kopf, Grabmal Friedrich von Saarwerden, 1947
links: Heiliger Johannes, Grabmal Friedrich von Saarwerden, 1947

oben: Verkündigungsengel, Detail, Grabmal Friedrich von Saarwerden, 1947
links: Verkündigungsengel, Grabmal Friedrich von Saarwerden, 1947

oben: Verkündigung, Kopf der Maria, Grabmal Friedrich von Saarwerden, 1947
links: Verkündigung, Maria, Grabmal Friedrich von Saarwerden, 1947

oben: Schöne Madonna, 1947
links: Schöne Madonna, 1947

Thronende Madonna, Grabmal Dietrich von Moers, 1947

Kopf eines Bischofs, Grabmal Dietrich von Moers, 1947

oben: Detail einer Figur der Trauergemeinde am Grabmal Engelbert III. von der Mark, 1947
links: Trauergemeinde am Grabmal Engelbert III. von der Mark, 1947

Mailänder Madonna, Sakramentskapelle, 1947

Pfeilerfigur, Chor, 1948

ONAS
PROPH
I·PROPTER·ME·ORTA·EST
EMPESTAS

oben: Prophet, Dreikönigenschrein, 1948
links: Prophet, Dreikönigenschrein, 1948

oben: Gerokreuz, Detail, 1948
rechts: Gerokreuz, Detail, 1948

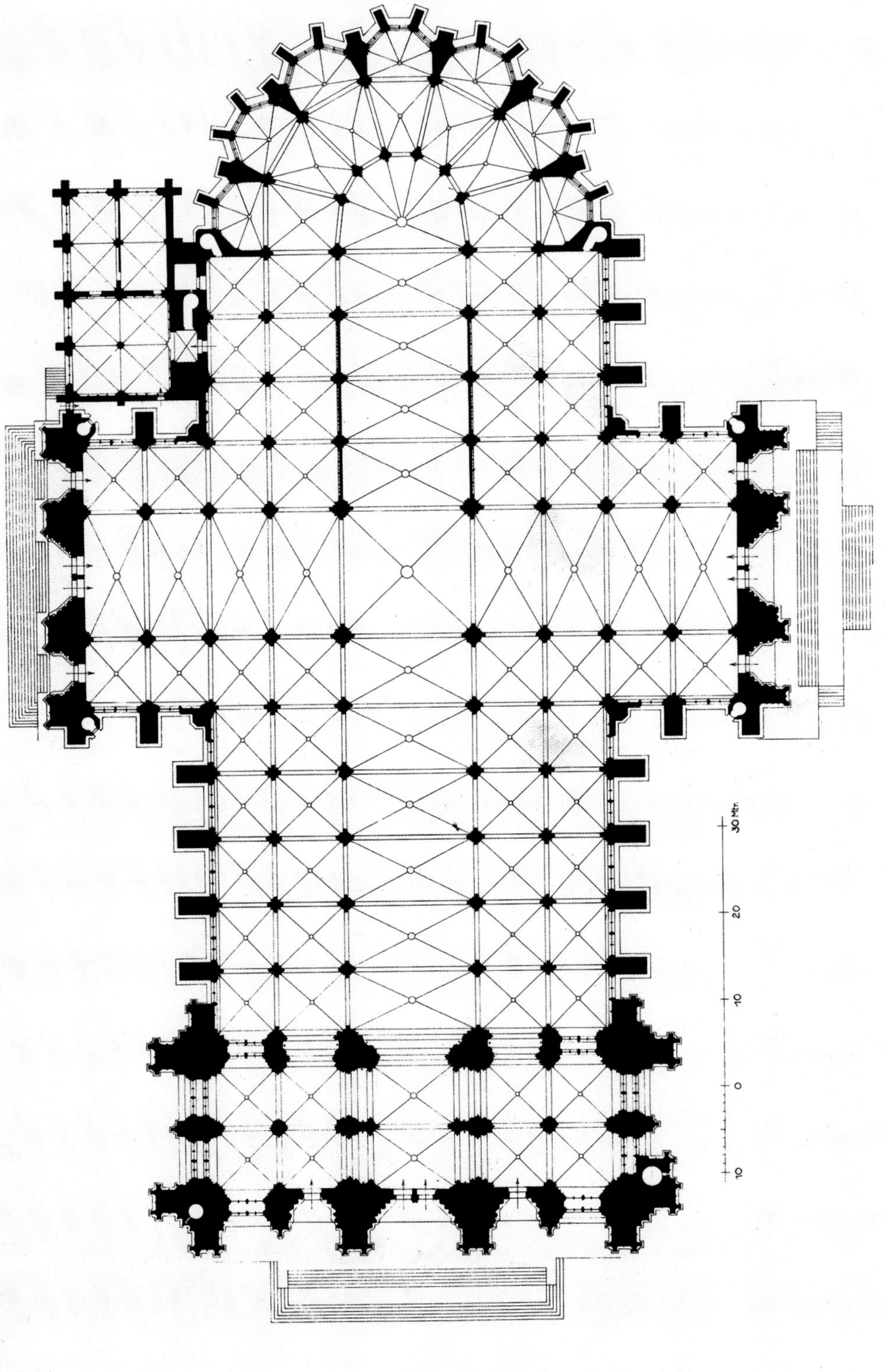

oben: Grundriß, Kölner Dom, 1947
rechts: Fassadenplan, Kölner Dom, 1947

Bildkommentare

Seite 26:

Rheinansicht von Mülheim aus. 1939.

Seite 27:

Der Dom in seiner Stadt. Im Vordergrund die Mülheimer Brücke und der Turm der St.-Clemens-Kirche. 1939.

Seite 28:

Der Dom und die Hohenzollernbrücke. 1962.

Seite 29:

Der Dom von Deutz aus bei Nacht. 1953.

Seite 30:

Der Dom von Deutz aus, im Vordergrund Hängebrücke (heute Deutzer Brücke). 1939.

Seite 31:

Rheinufer mit Treibeis. 1962.

Seite 32:

Der Dom von Nordwesten. Im Vordergrund ist die Kirche St. Andreas zwar noch ohne Turmhelm, besitzt aber bereits die schon während des Krieges errichteten Dachstühle für flache Notdächer. Am Dom ist das Westfenster zerstört, das Dach des Querhauses ist noch offen. Die Aufnahme entstand daher zwischen Januar 1945 und August 1946.

Seite 33:

Die Westfassade des Domes. Die Wiederherstellung der äußeren Maßwerkschale des Westfensters wurde 1956 abgeschlossen (vgl. Abb. S. 32 und 39), im August des gleichen Jahres wurde das Hauptportal wieder geöffnet. Die Arbeiten am nördlichsten Fenster des Nordturmes, an dem noch ein Gerüst steht, wurden im Juli 1959 beendet. Zwischen diesen beiden Daten entstand das Foto.

Seite 34:

Der Dom vom Hansa-Hochhaus aus. An der Kirche St. Ursula im Vordergrund wird gerade das Notdach für den Turm aufgebracht, an der dahinter vor dem Dom liegenden Kirche St. Maria Himmelfahrt sieht man die ersten Binder für das Mittelschiffdach. Am Dom ist die Notdeckung des Daches über dem nördlichen Querhaus zur Hälfte vollendet. Demnach entstand die Aufnahme frühestens im Oktober 1946.

Seite 35:

Der Dom vom Bahnhofsvorplatz aus. Die Spitze des Nordquerhaus-Giebels ist abgestürzt, das Dach dahinter aber bereits notdürftig wiederhergestellt. Die Brüstungen über dem nördlichen Langhaus-Seitenschiff sind jedoch noch intakt. Die Aufnahme entstand zwischen Mitte 1943 und dem 14. Januar 1945.

Seite 36:

Der Dom von Südost. Etwa die Hälfte des Langhausdaches ist bereits wieder mit Blei bedeckt, was dem Bauzustand von Mitte 1954 entspricht. Am mittleren Pfeiler, der bis zum Ansatz der ersten Wimpergzone erneuert werden mußte, steht noch ein Holzgerüst.

Seite 37:

Der Dom von Südwest. Eindrucksvoll erhebt sich die 1842–1855 erbaute südliche Querhausfassade über dem gepflegten Rasenteppich vor dem Domhotel. Am Strebewerk des Chores ist ein großes Holzgerüst erkennbar, darunter die 1926 errichtete neue Dombauhütte. Ganz links steht neben der Fassade der kleine Pavillon, in dem man die Karten für die Turmbesteigung kaufen und auf den Führer warten konnte, der jede Stunde mit den Besuchern auf den Südturm stieg. 1939.

Seite 38:

Der Dom vom Wallrafplatz aus. Die durch die Bomben in die Bebauung geschlagene Lücke machte es möglich, den Südturm fast bis zum Boden ins Bild zu bringen. Die sorgsam gestaltete Komposition des Bildes läßt den Dom wie unversehrt aus den Trümmern emporsteigen. 1946.

Seite 39:

Der Dom von Südwest. Die Trümmer in der unteren rechten Ecke und am linken Bildrand zeigen, daß das Foto aus der frühen Nachkriegszeit stammt. Die Dachdeckung auf dem südlichen Querhaus wurde vor Jahresmitte 1946 repariert. Das große Mittelfenster der Westfassade ist zerstört, die Verschalung des Petersportals jedoch bereits beseitigt. Am linken Pfeiler des Nordturmes wird die Ziegelausmauerung erkennbar. 1946.

Seite 40:

Die drei Obergeschosse der Westfassade. 1939.

Seite 41:
Die Domtürme von Nordost. Gewaltig streben die Turmkörper empor. Nur an den zerstörten Fenstern im zweiten Obergeschoß und an den abgebrochenen Wasserspeiern der links ins Bild ragenden Nordwestecke des Querhauses erkennt man, daß es sich um eine Nachkriegsaufnahme handelt. 1946.

Seite 42:
Die Domtürme von Südost. 1940.

Seite 43:
Die Spitzen der Domtürme von Südost. Der Standort des Fotografen ist der gleiche wie bei Abb. S. 42. Wie dort ragen die Zweige eines Baumes in den Himmel. Es sind die beiden einzigen Bilder, bei denen ein anderes Element als die Architektur in die künstlerische Aussage hineingenommen wird. 1940.

Seite 44:
Die Spitze des Südturmes vom Dachreiter aus. 1947.

Seite 45:
Der Chor von Osten. Im Vordergrund steht der 1967 abgebaute Petersbrunnen. Der Wiedereinbau der Glasgemälde in den Fenstern ist gerade im Gange. Frühjahr 1947.

Seiten 46/47:
Der Chor von Osten. Die streng axiale Aufnahme entstand am gleichen Tage wie Abb. S. 45 und vom gleichen Standpunkt aus. Deutlich sieht man, wie der Schmuck der Strebepfeiler von Nord nach Süd von System zu System reicher wird. Der helle Farbton der erst wenige Jahre zuvor erneuerten Muschelkalk-Oberflächen und des damals noch gut erhaltenen Anstriches der älteren Teile läßt das Strebewerk wie einen leuchtenden Strahlenkranz um den schlanken Hochchor erscheinen. Frühjahr 1947.

Seite 48:
Die Domtürme vom Dachreiter aus. Bei dieser Aufnahme wird deutlich, daß die Domfassade, in diesem Bereich vollständig nach dem mittelalterlichen Plan errichtet, nur als ganze symmetrisch ist, die Türme selbst jedoch unsymmetrisch. Die einander zugewandten Seiten sind nämlich viel steiler als die Außenkanten (vgl. Abb. S. 40 und 111). In diesem sehr subtilen Kunstgriff zeigt sich die Meisterschaft der entwerfenden Architekten. 1947.

Seite 49:
Die Domtürme vom Dachreiter aus. Über die Trümmer der Stadt ragt der Dom scheinbar unverletzt, ja geradezu unberührt oder vielmehr unberührbar heraus. Erst bei näherem Hinsehen bemerkt man am Nordturm eine fehlende Kreuzblume. Doch es ist kein Kriegsschaden, denn diese Spitze stürzte schon bei einem Sturm im Jahre 1896 ab.

Seite 50:
Der Nordturm von Südost. Im Vordergrund erscheinen zwei Fialen vom Strebewerk des Südquerhauses, an denen deutliche Verwitterungsspuren zu sehen sind. 1947.

Seite 51:
Die Domtürme von Südost, etwa vom gleichen Standpunkt aus gesehen wie die Abb. S. 50 und 52. 1947.

Seite 52:
Das Strebewerk der Langhaus-Südseite und die Ostseite des Südturmes, etwa vom gleichen Standpunkt aus gesehen wie die Abb. S. 50 und 51. Nur die Abplatzungen am mittleren Strebepfeiler knapp oberhalb des unteren Bildrandes verraten, daß die Aufnahme nach dem Kriege entstand. 1947.

Seite 53:
Die Südost-Ecke des Querhauses mit einigen Fialen des Chor-Strebewerkes. Rechts unten ist die einzige noch vorhandene Hülsenfiale des Domes zu sehen, eine der Kathedrale von Beauvais entlehnte Bauform, bei der eine Fiale von einer zweiten, auf dünnen Säulen stehenden überragt wird. Im Mittelalter gab es am Strebewerk der Chor-Südseite viele derartige Fialen, die jedoch alle bei den Restaurierungsarbeiten 1823–1841 beseitigt wurden. Nur diese eine wurde 1864 nach alten Aufmessungen rekonstruiert und 1916 aus Muschelkalk wiederhergestellt. 1947.

Seite 54:
Die Südseite des Chores von der Südost-Ecke des Querhauses aus gesehen. Im Hintergrund der Rhein und der Messeturm. 1947.

Seite 55:
Das Strebewerk der Chor-Südseite vom Dachreiter aus gesehen. Wie bei Abb. S. 54, 58 und 59 erkennt man, daß jeweils zwei Strebebögen hintereinander liegen. Zwischen ihnen steht jeweils der kreuzförmige Mittelpfeiler, der sich über den Säulen zwischen den beiden Seitenschiffen erhebt (vgl. den

Grundriß Abb. S. 110). Oben rechts im Bild erscheint die noch relativ gut erhaltene, aber dennoch leider später abgebrochene Ruine des neuromanischen Reichsbahn-Verwaltungsgebäudes. 1947.

Seite 56:
Das Strebewerk der Langhaus-Südseite und des südlichen Querhauses, darüber der Dachreiter, der noch seinen ursprünglichen Dekor aus Zinkguß trägt. Am Bauwerk sind noch keine Kriegsschäden zu erkennen. 1942.

Seite 57:
Strebepfeiler der Langhaus-Südseite. Vom gleichen Standpunkt aus aufgenommen wie Abb. S. 56. Die schweren, ungegliederten Pfeiler vor dem Erdgeschoß wurden nicht, wie ihre das erste Gesims überragende Fortsetzung, mit Blendmaßwerk überzogen, weil sie im Mittelalter hinter der bis dicht an den Dom heranreichenden Umbauung verschwanden. 1942.

Seite 58:
Im Strebewerk der Langhaus-Südseite. Im Mittelpunkt des Bildes steht der Kreuzpfeiler, an dem sich die Strebesysteme von Lang- und Querhaus durchdringen. Nur die Schäden an dem Fenster im Hintergrund zeigen, daß es sich um eine Aufnahme aus der frühen Nachkriegszeit handelt. 1947.

Seite 59:
Im Strebewerk der Langhaus-Südseite. An dem glaslosen Fenster in Bildmitte erkennt man ein Zangenstück aus Holzbalken, mit dem versucht wurde, die Fenstermaßwerke gegen den Luftdruck der Sprengbomben zu sichern. 1947.

Seite 60:
Das Strebewerk der Langhaus-Südseite mit Blick auf den Südturm. 1947.

Seite 61:
Das Strebewerk der Langhaus-Südseite mit Blick auf den Südturm. 1947.

Seite 62:
Das Strebewerk der Langhaus-Südseite mit Blick auf den Südturm. Der Standort des Fotografen ist bei den Abb. S. 59, 60 und 61 nahezu der gleiche, nur wird die Kamera jeweils etwas gesenkt und bei Abb. S. 61 genau waagerecht gehalten. So entsteht eine Art Bewegung durch das auf den ersten Blick unübersichtliche Strebewerk, das aber dennoch sehr streng angelegt ist: In jedem System sind nicht nur zwei Strebebögen hintereinander (Abb. S. 59), sondern auch zwei übereinander angeordnet. Der untere greift, wie Abb. S. 64 zeigt, genau in Höhe der aus dem Wandpfeiler emporsteigenden Rippen- und Gurtbögen an und soll dem Schub der Gewölbe entgegenwirken. Der obere endet dicht unter der Traufe und nimmt die auf das 60 m hohe Mittelschiff einwirkenden Windkräfte auf. 1947.

Seite 63:
Das Triforium der Westwand des südlichen Querhauses, erstes Joch südlich der Vierung. Eigentlich gehört das Bild in die Reihe der Abb. S. 60–62, denn es ist von der gleichen Höhe und aus der gleichen Achse aufgenommen, nur ist der Standort weiter nach Osten in die Ostwand des Südquerhauses versetzt. Nach dem Verlust der Verglasung wird es noch klarer, daß das Triforium auf der Stilstufe der vollendeten Hochgotik ein Teil des Fensters geworden ist, mit dem es eine innige Verbindung einging. 1947.

Seite 64:
Zwei Fenster der Ostwand des nördlichen Querhauses, von der Südseite des Langhauses aus gesehen. Das Bild veranschaulicht, bedingt durch die fehlende Verglasung in den Fenstern, das Zusammenwirken von Gewölbeschub und Strebewerk. Im leicht beschädigten Maßwerk sind noch Reste von Glasmalerei zu erkennen. Während von den 22 Hochschiffgewölben 12 eingestürzt waren, blieben die zwischen ihnen angeordneten Gurtbögen alle erhalten. Sie sind oberhalb der Gewölbekappen mit einer starken Ziegelwand übermauert, die den Winddruck von der einen Seiten des Bauwerkes auf den oberen Strebebogen der Gegenseite übertragen soll. In dieser Wand sind zur Gewichtsverminderung kreisförmige Löcher von 2 m Durchmesser ausgespart, von denen eines am oberen Bildrand erkennbar ist. 1947.

Seite 65:
Die Nordwand des Langhauses nach Westen. Der Fotograf steht unmittelbar neben dem südöstlichen Vierungspfeiler im Triforium des südlichen Querhauses. Von hier kann er die gesamte Langhauswand überblicken. Die strenge Ordnung, die Einheitlichkeit der Bauglieder und die steile Perspektive lassen die Wand endlos lang erscheinen, obwohl sie nur sechs Joche umfaßt. Durch die zerstörte, in Fetzen noch im Maßwerk hängende Bleiverglasung hindurch wird das stützende Strebewerk sichtbar. Quer durch den Fußboden des Langhauses zieht sich

ein tiefer Graben. Es ist der erste Schnitt der Ausgrabung, die Otto Doppelfeld im Mai 1946 begann und die bereits im September den Westchor des Alten Domes zu Tage förderte. 1947.

Seite 66:
Die Westwand des nördlichen Querhauses. 1947.

Seite 67:
Die Westwand des nördlichen Querhauses. Der Standort ist der gleiche wie bei Abb. S. 66, nämlich im Triforium des Chores unmittelbar neben dem südöstlichen Vierungspfeiler, doch wurde offensichtlich ein anderes Objektiv verwendet. Man sieht in den Fenstern die Reste der Glasmalerei hängen, jedoch nur oberhalb der vierten Reihe. Die darunterliegenden Scheiben mit den Heiligenfiguren waren herausgenommen und in Sicherheit gebracht worden. An ihrer Stelle hatte man Faserplatten eingebaut, von denen ebenfalls noch Reste zu sehen sind. 1947.

Seite 68:
Die Nordwand des Langhauses nach Westen. Rechts erscheinen der nordwestliche Vierungspfeiler und das erste Fenster der Westseite des nördlichen Querhauses, durch das beide Strebebögen sichtbar sind. Das Bild wurde vom gleichen Standpunkt aus aufgenommen wie Abb. S. 65, jedoch zur Mittagszeit, denn die Sonne scheint genau von Süden durch die glaslosen Fenster der südlichen Seitenschiffe, deren Maßwerk als Schatten auf der Nordwand erscheint. Daran erkennt man, daß es Winter ist und das Bild wahrscheinlich in der ersten Hälfte des Januar 1947 aufgenommen wurde.

Seite 69:
Die Nordwand des Langhauses nach Westen. Der Standort des Fotografen ist wie bei den Abb. S. 65 und 68 das Triforium der Ostwand des südlichen Querhauses. Der dunkle Balken am linken Bildrand ist der südwestliche Vierungspfeiler. 1947.

Seite 70:
Der Chor. Anfang August 1948.

Seite 71:
Das innere südliche Seitenschiff des Langhauses nach Westen. Wie kein anderes Innenraumbild zeigt dieses die Stilstufe des Kölner Domes innerhalb der Kathedralgotik in kompromißloser Entschiedenheit. Niemals zuvor waren die aus den Gewölbe kommenden Kraftlinien auch in den Seitenschiffen so makellos zum Boden abgeleitet und die Pfeilerkörper derart konsequent in senkrechte Elemente aufgegliedert worden. Der Fotograf hat eine Perspektive ausgewählt, bei der fast nur noch jene Senkrechten das Bild bestimmen. In die einzige Lücke, die zwischen zwei Pfeilern verbleibt, hat er den Ostpfeiler des Nordturmes geschoben, bei dem Zahl und Dichte der vertikalen Glieder am größten sind. Wie zur Erläuterung erscheint am linken Bildrand ein Bündelpfeiler aus der Nähe, an dem gleichzeitig sichtbar wird, daß die Linearität des Gebäudes keine Vision ist, sondern plastische Wirklichkeit. 1938.

Seite 72:
Der Chor. Wie Abb. S. 70 wurde auch dieses Bild kurz vor dem Dombaufest vom 15. August 1948 aufgenommen. Die Glasgemälde sind bereits eingesetzt, die Chorpfeilerfiguren von ihren Schutzumhüllungen befreit, die Ziegelwände vor den Chorschranken abgebrochen. Vom Chorgestühl sind die beiden hinteren Reihen bereits wieder aufgestellt. Im Chorhaupt wurden zusätzliche Treppenstufen aus Holz aufgebaut, um bei der Feier genügend Raum für die Unterbringung der zahlreichen hochgestellten Ehrengäste zur Verfügung zu haben. Diese Anlagen wurden schon bald nach dem Fest wieder beseitigt. Es fehlen noch der erzbischöfliche Thron und der Dreikönigenschrein, der erst einige Tage später hinter dem Hochaltar aufgestellt wurde. Die beiden Bilder zeigen den Zustand, wie er sich Anfang August 1948 bot.

Seite 73:
Das Chorhaupt. 1948.
Die Abb. S. 40 und 73 müssen (auch wenn sie etwa zehn Jahre auseinander liegen) als ein Paar gesehen werden, mit dem deutlich gemacht werden soll, daß Außenbau und Innenraum einander bedingen, daß beide zusammen konzipiert und aufeinander abgestimmt sind. Man glaubt fast, daß sich die rechte Außenkante des Südturmes in der Triforiums-Sohlbank der Innenansicht fortsetzt. Die hohe baukünstlerische Kultur des Kölner Domes kommt in den architektonischen Besonderheiten zum Ausdruck, die sowohl die Westfassade wie auch den Binnenchor kennzeichnen. Bei der Fassade wird die Zusammengehörigkeit der beiden sich ganz sacht, fast unmerklich aus dem Massiv des Unterbaues lösenden Türme dadurch zum Ausdruck gebracht, daß diese, einem Händepaar vergleichbar, jeweils in sich unsymmetrisch sind und erst im Zweiklang zur Symmetrie finden (vgl. die Abb. S. 40 und 111). Mit dieser Aufnahme schuf Schmölz einen Bildtypus, der vom Kölner Dom nicht mehr wegzudenken ist.

Im Inneren des Chores wird ein sanftes Ausschwingen der Längswände in der Rundung der fünf schmalen, zweibahnigen Joche angestrebt. Um dies zu erreichen, wird das erste Langchorjoch auf jeder Seite zwar mit einem vierbahnigen Fenster versehen, doch dieses ist deutlich schmäler als die Normalfenster und außerdem gegenüber jenen im Grundriß bereits ein wenig eingezogen, so daß die Rundung frühzeitig vorbereitet wird.
Mit diesen beiden Aufnahmen ist es dem Fotografen gelungen, die unübertroffene architektonische Meisterschaft der am Kölner Dom tätigen entwerfenden Baukünstler in kongenialen Bildern sichtbar werden zu lassen.

Seite 74:
Das Petersportal ist der einzige Domzugang mit mittelalterlichem Skulpturenschmuck. In den tief eingekehlten Archivolten finden unter vorspringenden Baldachinen vollplastische Statuetten von Propheten, Heiligen und Engeln Platz, während das Tympanon in eher flache Reliefbänder aufgeteilt ist. Durch das Hochformat der Aufnahme und den engen, den Bogenlauf überschneidenden Ausschnitt wird die der architektonischen Form eigene Dynamik betont.

Seite 75, links:
St. Jakobus der Ältere, erkennbar an der Muschel in seiner Linken, ist eine von fünf mittelalterlichen Gewändestatuen des Petersportales, mit deren Herstellung um 1370 begonnen wurde. Der Savonnière-Kalkstein zeigt deutliche Verwitterungsspuren, die durch die fotografische Nahsicht besonders betont werden. Wegen ihrer starken Gefährdung wurden die Originale vor einigen Jahren ins Depot gebracht und durch Kopien ersetzt.

Seite 75, rechts:
Die Darstellung des Apostels Paulus ist ein bezeichnendes Beispiel für die Bildgestaltung von Schmölz. In dem engen Bildausschnitt bilden die Stäbe des Hintergrundes einen festen Rahmen für die leicht bewegte Gestalt und ihr weich gefälteltes Gewand, dessen Stofflichkeit durch das poröse Steinmaterial unterstrichen wird. Der Gegensatz zwischen Rahmen und Figur sowie der hohe Blickwinkel verleihen dem Bild die angestrebte Objektivität.

Seiten 76/77:
Die verzerrungsfreie Gesamtaufnahme der Gewändestatue des hl. Petrus dient der möglichst objektiven Bestandsaufnahme. Mit der Ausnutzung eines leichten Seitenlichts wird allerdings eine interpretierende Belebung und Individualisierung des Bildwerkes erreicht. Diese Absicht kommt in der Detaildarstellung des Kopfes besonders stark zum Ausdruck.

Seiten 78/79:
In der frontalen Ansicht des jugendlichen Apostels Johannes wird der verhaltene S-Schwung und die flächige, der Wandstruktur vergleichbare Gewandfältelung, die auch die anderen Gewändeskulpturen auszeichnet, besonders hervorgehoben. Die Detailansicht des rundlichen Kopfes benutzt eine leichte Aufsicht, so daß die weiche Sanftmut in den Zügen, durch die sich das Gesicht von den ausdrucksbetonten „Charakterköpfen" der übrigen Apostel unterscheidet, unterstrichen wird.

Seiten 80/81/82:
Die musizierenden Engel aus der äußeren Portalarchivolte zeigen in der Nahsicht die ganze Andersartigkeit dieser Gruppe gegenüber den Gewändeskulpturen. In inniger Versunkenheit scheinen sie jedem einzelnen Ton nachzulauschen. Ihre nach außen drängende Bewegungslust spiegelt sich in der Gewandung, die eine lebhafte Faltenlandschaft mit ausgeprägten Höhen und Tiefen entwickelt.

Seite 83:
In der Gestalt der hl. Katharina, die auf einem Throne sitzend über ihren Widersacher triumphiert, manifestiert sich der mit dem Namen Heinrich Parler verbundene, ab etwa 1380 greifbare neue Bildhauerstil am Dom. Durch Nahsicht, Einsatz von Seitenlicht und Vermeidung der Mittelachse veranschaulicht der Fotograf die Meisterschaft, mit der der Bildhauer die stark in sich bewegte Gestalt der kleinen Archivoltennische eingepaßt hat.

Seite 84:
Das Mittelportal der südlichen Querhausfassade mit den Türen von Ewald Mataré. Die Bischofstür (links) und die Papsttür, August 1948.

Seite 85:
Das Mittelportal der südlichen Querhausfassade mit der Papsttür von Ewald Mataré. Das Foto entstand, als die linke Tür noch nicht eingesetzt war, also Anfang August 1948.

Seite 86:
Vier Details der Mataré-Türen. Von der Bischofstür oben links: Türgriff „Jonas, vom Walfisch ausgespien"; oben rechts: Wappen von Erzbischof Kardinal Joseph Frings mit Kardinalshut,

Bischofsstab und dem Wahlspruch „PRO HOMINIBUS CONSTITUTUS" (Für die Menschen bestellt, Hebr. 5,1); unten links: die heilige Ursula als Beispiel für die Gabe der Gottesfurcht. Von der Papsttür unten rechts: der Pelikan als Symbol der Hingabe.

Kriegsschäden an den 1891 eingesetzten Bronzetüren von Hugo Schneider boten den willkommenen Anlaß, an dieser wichtigen Schauseite des Domes Werke eines zeitgenössischen Künstlers anzubringen. Die Papst- und die Bischofstür konnten bereits zum Domjubiläum eingesetzt werden. Sie zeigen eine radikale Abkehr von der Gestaltungsweise ihrer Vorgänger, die sich, von einem hochentwickelten dekorativen Laub- und Maßwerknetz überzogen, membranartig in die Öffnungen spannten (vgl. Abb. S. 37). Mataré, damals einer der höchst angesehenen lebenden Bildhauer in Deutschland, stellt dagegen die inhaltliche Aussage in den Vordergrund. Mächtig wölben sich die Wappen der beiden gerade regierenden Kirchenfürsten vor, womit der Bezug zur Gegenwart geradezu provokativ herausgestellt wird. Pelikan und Hahn der Papsttür stehen für Hingabe und Wachsamkeit, die sieben Kölner Heiligen auf der Bischofstür für die sieben Gaben des Heiligen Geistes. Vor dem Hintergrund der gerade überwundenen Schrecken des Krieges und der Gewaltherrschaft gewinnen diese Themen den Rang eines Programms für die künftigen Aufgaben des christlichen Volkes. Dem wird die formale Gestaltung untergeordnet, die dadurch jedoch nicht das geringste an künstlerischer Kraft einbüßt.

Seite 87:

Das brennende Köln. Aus der Pfingsttür im Ursulaportal, dem westlichen Seitenportal der südlichen Querhausfassade. Diese ebenfalls von Ewald Mataré geschaffene Tür wurde erst 1953 eingesetzt. Das Foto dürfte im gleichen Jahr entstanden sein. Die Tafel „Das brennende Köln" erregte weit über Köln hinaus Aufsehen. Für die Weltausstellung von 1967 in Montreal wurde ein Zweitguß angefertigt, der im Deutschen Pavillon als Beispiel für die deutsche Kunst der Nachkriegszeit gezeigt wurde.

Seiten 88/89/90/91:

Die Bezeichnung „Weicher Stil" für die Statuetten an der Tumba des Grabmals Friedrichs von Saarwerden wird durch die Fotografien von Schmölz sinnfällig umgesetzt. Der Gegensatz zwischen den klaren Linien der Blendrahmen und der einzelnen Gestalt wird mit Hilfe des wie durch ein Fenster gefilterten Lichts hervorgehoben. Die Gestalten, Darstellungen der Apostel, sind wie die Archivoltenfiguren des Petersportals stark um die eigene Achse gedreht, zeigen aber eine klarere und weniger zerklüftete Faltenbildung als ihre Vorbilder. Dieser flüssigeren Durchbildung trägt die Beleuchtung Rechnung, indem sie ausgeprägte Hell-Dunkel-Kontraste vermeidet und so die Verinnerlichung der Gestalten betont.

Seiten 92/93:

Ähnlich wie am Petersportal-Gewände hebt sich auch an der Tumba des Saarwerden-Grabmals die jugendliche Gestalt des Johannes deutlich von seinen älteren Apostelkollegen ab. Im Aufbau der sitzenden Gestalt klingt die Formgebung der Portalarchivoltenfiguren nach. Besondere Lebendigkeit erhält die nahsichtige Fotografie durch den Stein selbst, dessen unpolierte Oberfläche eine naturalistische Wirkung erzeugt.

Seiten 94/95/96/97:

Die zweifigurige Verkündigungsszene zieht sich über zwei Felder an der Westseite des Saarwerden-Grabmals. Obwohl jede Figur für sich fotografiert ist, macht Schmölz ihren inhaltlichen Zusammenhalt durch die Lichtführung sichtbar. Maria erscheint in vollem Licht, das auf den Engel überstrahlt und sein Gesicht belebt und sprechend erscheinen läßt. Dieser dramaturgische Eingriff, bei dem das Steinmaterial den Ausdruck mitprägt, wird in den Kopfdetails weiter verstärkt.

Seiten 98/99:

Losgelöst von ihrem Aufstellungsort, wird bei dieser Madonnenstatue aus dem 15. Jahrhundert die überquellende Mantelfülle betont. Dafür wird die Statue seitlich gedreht und von der anderen Seite her beleuchtet, so daß die zerklüfteten Faltengebirge des Gewandes, die in der Nachfolge der „Schönen Madonnen" stehen, plastisch hervortreten. Mit einem ungewöhnlichen Seitenblick auf den Marien- und Christuskopf werden einerseits das differenzierte Oberflächenrelief und die verschiedenen Bearbeitungsspuren sichtbar gemacht, zum andern und vor allem aber wird das Detail aus dem Kontext gelöst und der reinen, zur Gegenstandslosigkeit neigenden Form angenähert.

Seiten 100/101:

Die beiden Aufnahmen einer thronenden Madonna und eines Bischofskopfes gewähren einen nur punktuellen Blick auf das Grabmal des Erzbischofs Dietrich von Moers im Scheitel des Domchores. Die Anlage umfaßt eine vollplastische Gruppe der Anbetung der Heiligen Drei Könige und ihren bischöflichen Stifter mit dem Patron des Domes. In den vorliegenden Fotografien wirken die Charaktere der dargestellten Personen durch die Isolierung von Details außergewöhnlich belebt. Als Höhepunkt dieser Arbeitsweise darf die Ansicht des Bischofskopfes gelten, die in einer vom Betrachter kaum nachvollziehbaren, dafür umso ausdrucksvolleren Perspektive ausgeführt worden ist.

Seiten 102/103:
Je eine Reihe von Männern und Frauen, aus hellem Kalkstein gearbeitete Statuetten, bilden die Trauergemeinde an der Tumba des Grabmals Engelberts III. von der Mark, die im Chorumgang steht. Unter Blendarkaden nebeneinander aufgereiht, geben sie einen Einblick in die Mannigfaltigkeit der künstlerischen Ausdrucksformen, die der Fotograf in klar strukturierten, gleichmäßig ausgeleuchteten Aufnahmen verschiedener Figurenpaare eingefangen hat.

Seite 104:
Die sog. „Mailänder Madonna" ersetzt eine ältere, von Erzbischof Rainald von Dassel nach Köln gebrachte Statue und war ursprünglich Teil seiner Grablege in der Marienkapelle. Heute steht sie in der Sakramentskapelle. Die elegante Körperbiegung, durch leichte Achsenverschiebung in der Aufnahme noch unterstrichen, verleiht der Statue eine hoheitsvolle, dennoch liebliche Ausstrahlung. Die enge Verbindung zur Werkstatt der Chorpfeilerfiguren ist unübersehbar.

Seite 105:
Durch die hohe Aufstellung und die Farbfassung sind wirkungsvolle Aufnahmen der Chorpfeilerstatuen nur von einem Gerüst und bei zusätzlicher Beleuchtung möglich. Daß es dem Fotografen jedoch um mehr geht als um sachliche Wiedergabe, zeigt die vorliegende Detailaufnahme. Die Seitenansicht betont im Formalen die körperliche Wendigkeit und plastische Qualität der Statue, während die Beleuchtung die Ausdruckskraft des Gesichtes erheblich steigert.

Seiten 106/107:
Die sitzenden Prophetengestalten am Dreikönigenschrein gehören zum Besten, was romanische Goldschmiede hervorgebracht haben. Vor einer aus vielfältigen Ornamenten und Zierleisten zusammengesetzten Hintergrundsfolie behaupten sich die getriebenen Statuetten in ihrer von antiken Vorbildern geprägten Körperlichkeit. Schon hier, im frühen 13. Jahrhundert, zeigt sich ein ausgeprägtes Streben nach Individualisierung der Dargestellten, das in der späteren Domskulptur schrittweise weiterentwickelt wird. Die Lebhaftigkeit der Personen wird fotografisch vor allem durch den Bildausschnitt, der den Figuren einen vom Bildfeld abweichenden, knapp bemessenen Raum zuweist, wirkungsvoll inszeniert.

Seiten 108/109:
Die eindringliche Vergegenwärtigung des Todes, die mit dem Gero-Kreuz, der ältesten mittelalterlichen Monumentalskulptur des Abendlandes, erstmals Eingang in die Kunst findet, wird dem Betrachter vor allem durch die Detailaufnahmen von Kopf und Oberkörper überzeugend nahegebracht. Dabei sind dem Fotografen Ansichten von konstruktivistischer Klarheit gelungen, die einen über die Objektwiedergabe weit hinausgehenden bildnerischen Eigenwert besitzen, ohne dabei die plastische Aussagekraft des Schnitzwerkes unzulässig zu manipulieren.

Seite 110:
Grundriß des Kölner Doms.

Seite 111:
Der große Fassadenplan F. Es ist ein ungewöhnlicher Glücksfall, daß die wohl bedeutendste Bauzeichnung des Mittelalters, nämlich die der Westfassade des Kölner Domes, erhalten blieb. Um 1300 gezeichnet, diente der etwas über 4 m hohe Pergamentplan ab etwa 1360 dem Bau des Südturmes, dessen erstes Obergeschoß jedoch bereits in manchen Punkten von ihm abweicht. Jahrhundertelang hing er in der Sakristei, bis er beim Einmarsch der Franzosen verlorenging. 1814 wurde eine Hälfte in Darmstadt, ein Jahr später die zweite in Paris wiedergefunden. Seit 1842 entwickelte das Dombaubüro anhand dieses Planes die Entwürfe für den Weiterbau der Fassade, nach denen sie dann 1845–1849 und 1863–1880 vollendet wurde.
Wie ältere Reproduktionen zeigen, war es immer problematisch, den Plan in starker Verkleinerung abzubilden. Schmölz fand einen Weg, ihn mit Hilfe der Fotografie so wiederzugeben, daß die dünnen Linien, die sich kaum von dem bereits recht dunklen Pergament abheben, verstärkt hervortreten und damit klar lesbar bleiben. An einem solchen Beispiel zeigt sich, daß er auch die technische Seite der Fotografie souverän beherrschte.

Bildkommentare S. 26–72, S. 84–87 sowie S. 110 und S. 111 von Arnold Wolff
S. 74–83 sowie S. 88–109 von Roswitha Neu-Kock.

Karl Hugo Schmölz

Fritz Kempe, Karl Hugo Schmölz, 1970

Durch seinen Vater, den Architekturfotografen Hugo Schmölz, wurde der 1917 in Weißenhorn geborene Karl Hugo Schmölz frühzeitig an die Fotografie herangeführt. Bereits in den dreißiger Jahren begann er, gemeinsam mit ihm Fotoaufträge durchzuführen und wurde als Mitglied im Deutschen Werkbund aufgenommen. Er fotografierte für Architekten wie Adolf Abel, Bruno Paul, Dominikus und Gottfried Böhm, Wilhelm Riphahn, Rudolf Schwarz, Hans Schilling, Wilhelm Schürmann und andere. Durch die intensive Zusammenarbeit konnte Karl Hugo nach dem Tod seines Vaters im Jahr 1938 die „fotowerkstätte hugo schmölz" in ungebrochener Tradition fortführen. Aber auch sein privates Interesse für die Stadt Köln und den Dom fand schon früh Ausdruck in seiner Fotografie. Vom Kriegsdienst in seine Heimatstadt zurückgekehrt, dokumentierte Karl Hugo Schmölz mit der Großbildkamera die Zerstörungen. Dies war eines der wenigen Bildthemen, das er, ähnlich wie sein Vater, aus eigenem Antrieb verfolgte. Durch seine sachliche Sehweise wird ein völlig anderer Akzent gesetzt, als in der emotionalen Sicht von Hermann Claasen. Die Fortsetzung seiner Arbeit für die großen Architekten des Rheinlandes führte zu einer eindrucksvollen Dokumentation des Wiederaufbaus der Stadt Köln. In diesem Zusammenhang fotografierte er auch eine umfangreiche Bildserie über Schloß Augustusburg in Brühl.

Eine sehr enge Zusammenarbeit pflegte Karl Hugo Schmölz auch mit dem Verleger Hans Peters. Die wohl bedeutendsten Bilddokumente im Rahmen dieser Zusammenarbeit waren die Fotografien des Servatiusschatzes in Siegburg, des Domschatzes, der Kirchentüren von St. Maria im Kapitol und des Kölner Domes. Vor dem Hintergrund der Tatsache, daß der Dom im 20. Jahrhundert kein Thema für die großen Fotografen der Zeit war, bedeutete dieser Auftrag, daß wenigstens ein umfangreiches Werk eines bedeutenden Architekturfotografen über den Kölner Dom in diesem Jahrhundert überliefert ist. Unter lebensgefährlichen Bedingungen hatte Karl Hugo Schmölz im von Bomben- und Granattreffern hart getroffenen Dom mit der 18 x 24-Großbildkamera Standpunkte ausfindig gemacht

und sich dem Bauwerk mit großer Sensibilität und Systematik genähert. 1947 wurden die Bilder in Hans Peters' Buch zur 700-Jahrfeier erstmals veröffentlicht. 50 Jahre später wurde eine neue Auswahl aus Karl Hugo Schmölz' Gesamtwerk für eine neue Jubiläumspublikation getroffen.
In späteren Jahren begann Karl Hugo Schmölz mehr und mehr Aufträge für die Werbebranche durchzuführen, für die er nicht nur fotografierte, sondern auch Werbekonzepte entwickelte. Daneben konzentrierte er sich neben der Architektur auf die Möbelfotografie. Er fand in Walde Huth eine kongeniale Partnerin in Ehe und Beruf. Das Archiv umfaßt heute die umfangreichste Dokumentation über Nachkriegs-Wohnkultur in Deutschland, von Interlübke bis Eugen Schmidt, von Thomé bis Draenert. Seit 1949 fotografierte er für die großen Möbelverbände im eigenen Großstudio, wo er bis zu 20 Mitarbeiter beschäftigte. Er verstand es meisterhaft, kultiviertes Wohnen auch im Arrangement einfachster Gebrauchsmöbel dem Zeitstil entsprechend ins Bild zu setzen. Karl Hugo Schmölz verstarb im Jahr 1986 in Lahnstein.

Publikationen:

Köln, Antlitz einer großen Stadt, Hrsg. Hans Peters, Düsseldorf 1939
Hans Peters, Der Dom zu Köln 1248–1948, Düsseldorf 1948
Der Siegburger Servatiusschatz, Hrsg. Hans Peters, Düsseldorf 1952
Reinhold Mißelbeck, Die Photographie, in: Stadtspuren Bd. 1 und Bd. 2, Köln 1984
Züblin-Haus, Hrsg. Ernst Züblin AG, Stuttgart 1985
Aus den Trümmern, Kunst und Kultur im Rheinland und in Westfalen, 1945–1952, Neubeginn und Kontinuität, Ausstellungskatalog Rheinisches Landesmuseum Bonn, 1985
Sammlung Photographie, Bestandskatalog Museum Ludwig, Köln 1986
Deutsche Lichtbildner, Hrsg. Reinhold Mißelbeck, Köln 1987
Reinhold Mißelbeck, Die Romanischen Kirchen gesehen von August Sander und Karl Hugo Schmölz - ein Vergleich, in: Colonia Romanica, 1987, S. 59 ff
Der Siegburger Kirchenschatz, Hrsg. Rheinischer Verein für Denkmalpflege und Landschaftsschutz, Köln 1992
Albert Renger-Patzsch, Das industrielle Spätwerk, Hrsg. Marianne Bieger, Florian Hufnagl, Reinhold Mißelbeck, Frankfurt 1993
Die Kirchentüren von St. Maria im Kapitol, Hrsg. W. Stracke, Köln 1994
Köln lebt,
Fotografien von Hugo und Karl Hugo Schmölz
Hrsg. Reinhold Mißelbeck, Köln 1995